MW01278307

LA CIUDAD ENCANTADA DE LA PATAGONIA

La leyenda de los Césares

Pedro de Angelis

Compilador

LA CIUDAD ENCANTADA DE LA PATAGONIA

La leyenda de los Césares

ESTUDIO PRELIMINAR
Por ALBERTO PÉREZ
Licenciado en Ciencias Antropológicas,
especialista en Arqueología de la
Universidad de Buenos Aires.
Investigador de la Fundación de
Historia Natural Félix de Azara.

Ediciones Continente

La presente edición contó con el asesoramiento y relevamiento de material de la Fundación de Historia Natural Félix de Azara, de Buenos Aires, Argentina.

Título original: *Derroteros y viages a la Ciudad Encantada, ó de los Césares, que se creía existiese en la cordillera, al sud de Valdivia.* Primera Edicion - Buenos Aires.

Publicado en la Colección de obras y documentos relativos a la Historia Antigua y Moderna de las Provincias del Río de la Plata. Ilustrado con notas y disertaciones por Pedro de Angelis. Tomo Primero. Buenos Aires. Imprenta del Estado. 1836.

La ciudad encantada de la Patagonia

1ra edición: setiembre 2005
2da edición: febrero 2017

Director de la colección: Nerio Tello
Corrección: Daniela Acher
Diseño de tapa: Estudio Tango
Diseño de interior: Carlos Almar

La ciudad encantada de la Patagonia: la leyenda de los Césares / compilado por Alberto Perez. - 1a. ed. - Buenos Aires: Continente, 2005.
128 p. ; 23x16 cm.

ISBN 950-754-157-8

1. Relatos de viajes. I. Perez, Alberto, comp. II. Título
CDD 910.4

Ediciones Continente
Pavón 2229 (C1248AAE) Buenos Aires, Argentina
Tel.: (5411) 4308-3535 - Fax: (5411) 4308-4800
www.edicontinente.com.ar
e-mail: info@edicontinente.com.ar

Queda hecho el depósito que marca la ley 11.723.

Libro de edición argentina

Se imprimieron 1.000 ejemplares.

No se permite la reproducción parcial o total, el almacenamiento, el alquiler, la transmisión o la transformación de este libro, en cualquier forma o por cualquier medio, sea electrónico o mecánico, mediante fotocopias, digitalización u otros métodos, sin el permiso previo y escrito del editor. Su infracción está penada por las leyes 11.723 y 25.446.

Este libro se terminó de imprimir en el mes de febrero de 2017,
en **Cooperativa Chilavert Artes Gráficas**,
Chilavert 1136, CABA, Argentina — (5411) 4924-7676 — imprentachilavert@gmail.com
(Empresa recuperada y autogestionada por sus trabajadores)

Encuadernado en **Cooperativa de Trabajo La Nueva Unión Ltda.**,
Patagones 2746, CABA, Argentina — (5411) 4911-1586 — cooplanuevaunion@yahoo.com.ar
(Empresa recuperada y autogestionada por sus trabajadores)

Las tapas fueron laminadas en **Cooperativa Gráfica 22 de Mayo (ex Lacabril)**,
Av. Bernardino Rivadavia 700, Avellaneda, Bs. As., Argentina
(5411) 4208-1150 — lanuevalacabril@gmail.com
(Empresa recuperada y autogestionada por sus trabajadores)

ÍNDICE

ESTUDIO PRELIMINAR

La leyenda de la Ciudad Encantada de la Patagonia

Por Lic. ALBERTO PÉREZ

La leyenda de los Césares o la Ciudad de los Césares, también llamada la "Ciudad Encantada", es sin duda uno de los mitos más fantásticos que maduraron en las mentes de un puñado de aventureros sumergidos en la magia del nuevo mundo –preñado de mitos, creencias y misterios– que se ofrecía ante sus ojos. Un contexto –la joven América de los primeros siglos de presencia europea– de grandes aventuras, de descubrimientos deslumbrantes, con una Europa fascinada por las maravillas de Oriente y América.

Durante el Romanticismo eran frecuentes los grandes viajes alimentados por las leyendas sobre sirenas, amazonas, dragones y gigantes, historias que hasta el día de hoy son fuente de inspiración de la literatura fantástica y de obras estrambóticas. En América, los mitos más conocidos fueron la Fuente de la Juventud, en Florida; las Siete Ciudades de Cíbola, al norte de México; El Dorado, deseado y rastreado desde el Caribe hasta el Amazonas; la Sierra de la Plata y el Rey Blanco, en el Río de la Plata; y, por supuesto, la Ciudad de los Césares, de la Patagonia. Las grandes campañas de exploración que se armaron para dar con esta "Ciudad Encantada" dan una idea clara de la seriedad con que fue tomado el mito. Los exploradores, aventureros, visionarios o místicos iban detrás de dos objetivos principales. El primero: descubrir tesoros; el segundo: la búsqueda de la vida eterna.

En la actualidad los antropólogos sabemos que detrás de cada mito hay siempre algo de realidad; algo que ha inspirado la leyenda: un personaje real cuya vida es magnificada por sus admiradores, un sitio paradisíaco transformado en el Jardín del Edén, monumentos de sociedades que vivieron en un pasado remoto convertidas en la Atlántida, o un puñado de oro devenido en el tesoro de Salomón. En buena medida, cada episodio guarda algún viso de realidad. La imaginación hace el resto.

Durante los siglos XV y XVI, época fecunda en descubrimientos, la tarea de recorrer estos nuevos mundos no estaba en manos de naturalistas o sabios, sino de marineros o militares, que describían lo que habían visto en sus travesías. En el contexto de sus vidas cotidianas, todo lo extraño y novedoso seguramente les resultaba exultante.

¿Cómo podían describir algo nunca visto? Generalmente recurrían a elementos de su propio mundo o cosmovisión. Para representar a un animal desconocido para ellos, como una llama o un guanaco, debían unir su idea de una oveja, una jirafa y un león, lo que sin duda se transformaba para el oyente en la imagen de un verdadero monstruo. Gracias a este mecanismo comenzaron a tomar vida fantásticas criaturas.

La narración de las proezas en la guerra y la conquista era obviamente dantesca. Cada individuo contaba sus travesías como si fuera un aventurero, donde una simple escaramuza era una batalla colosal y cada cosa que descubría era un acto milagroso.

Pero también hubo personajes que vivieron realmente hechos fantásticos y deslumbrantes, muy bien documentados, que los marcarían fuertemente. Basta mencionar como ejemplo el distante México de los mayas o, en el hemisferio sur, el emotivo y deslumbrante ingreso de los españoles en las capitales incas. Muchos fueron alimentando mitos como el de El Dorado y la Ciudad de los Césares, cuya historia conmueve hasta hoy al hombre sensible.

El descubrimiento por parte de europeos de ciudades monumentales cuyas riquezas y refinamiento no tenían parangón podría sintetizarse en un solo episodio vivido por uno de esos afortunados hombres: la presentación ante el conquistador Francisco Pizarro del Inca, máxima autoridad del Imperio, quien llegó acompañado por una corte de 1.000 personas entre su guardia personal, generales y sacerdotes; espectáculo comparable al ingreso de Cleopatra en Roma.

La leyenda de los Césares fue un motor de la exploración de nuestra Patagonia. Las primeras incursiones terrestres al sur del paralelo 40° fueron hechas en busca de los Césares, y las primeras descripciones de la geografía del terreno, el paisaje, la flora y fauna fueron realizadas por estos aventureros. Más espectacular aún es la obra antropológica llevada a cabo como resultado de esta búsqueda, que detalla la ubicación de sociedades originarias, aspectos de su vida cotidiana, economía, religión, idioma, etc.

El Capitán Francisco César y la Ciudad Encantada

De todas las versiones que incluye este libro, reunidas por Silvestre Antonio de Roxas y editadas por Pedro De Angelis en 1836, en el Tomo II de su Colección de obras y documentos relativos a la Historia Antigua y

GRABADO DE DOM PERNETTY, CAPELLÁN DE LA EXPEDICIÓN DEL GENERAL
FRANCÉS LOUIS-ANTOINE DE BOUGANVILLE, UNO DE LOS NAVEGANTES
QUE EXPLORÓ LA SOLEDAD, LA MAYOR DE ESAS ISLAS. PERNETTY PUBLICÓ
UN TRABAJO SOBRE ESA EXPEDICIÓN EN EL QUE INCLUYÓ SUS ILUSTRACIONES.

Moderna de las Provincias del Río de la Plata, queremos destacar la menos conocida y mencionada en los derroteros, cartas y testimonios de la obra de De Angelis, y que es, precisamente, la que da nombre al mito: el derrotero del Capitán Francisco César.

La vida de este personaje real, henchida de aventuras, también recorre el borde de la leyenda. Tanto, que es su nombre el que se le da a la ciudad protagonista de la más antigua de las leyendas de nuestro territorio. De la vida del Capitán Francisco César se sabe muy poco. Su nacionalidad, por ejemplo, es aún incierta; para algunos era natural del Portugal mientras que otros lo creían español, nacido en la provincia de Córdoba.

Militar aventurero, de espíritu romántico y mano dura, fue un personaje característico de su época. Después de sus intervenciones en el Río de la Plata acompañando a Sebastiano Caboto (1476?-1557), participó con Pedro de Heredia (fallecido en 1554) en la fundación de Cartagena y en la de Antioquia (actual Colombia).

Posteriormente marchó tras el tesoro de El Dorado en las sierras de Aribe. Durante esta misión combatió ferozmente con los indígenas comarcanos, derrotando a los poderosos y temibles caciques del valle de Cauca (actual Colombia). Después de muchas penalidades y conflictos políticos, regresó a Cartagena. Por sus singulares características, entre las que se destacan su gran poder de liderazgo y el orden de las tropas bajo su mando, fue reclutado como Teniente General de la segunda campaña a El Dorado encomendada por Vadillo. Durante la marcha contrajo una terrible enfermedad que lo llevó a la muerte.

La expedición

El mito de la Ciudad de los Césares también tiene su origen en las historias fantásticas de náufragos abandonados y conquistadores perdidos. En este caso, de los que realizaron las primeras incursiones a lo largo de la Patagonia.

Los registros más antiguos atribuyen el origen del mito al viaje de Sebastiano Caboto del año 1527. Este conquistador fundó el primer asentamiento de europeos en lo que es el actual territorio de la Argentina: Fuerte Sancti Spiritus, en las proximidades de la confluencia de los ríos Carcarañá y Paraná. Mientras preparaba una expedición río arriba, en 1528, mandó una partida a explorar el interior del territorio. En noviembre de ese año, 15 hombres al mando del Capitán Francisco César iniciaron la exploración, aparentemente en dirección oeste. La partida se dividió en tres grupos: uno marchó en dirección sur, a la tierra de los querandíes; otro se dirigió hacia el interior de las tierras de los carcarañás; y el tercero, comandado por César, siguió el curso del río Carcarañá en dirección noroeste. Esta tercera columna –que se estima integrada por siete hombres, que recorrieron en el transcurso de tres meses entre 1.400 y 1.700 kilómetros de tierras inexploradas y hostiles– fue la única que regresó al fuerte.

Al volver, los expedicionarios contaron historias fantásticas de su travesía, que fueron repetidas más tarde en Sevilla, durante el proceso que se le siguió a Caboto por haber desobedecido órdenes superiores. Todos los exploradores, incluyendo a César, testificaron haber visto grandes cantidades de oro, plata y piedras preciosas.

En adelante, diferentes versiones de origen incierto han atribuido las observaciones de la expedición a regiones diversas. Algunos autores las hicieron llegar más allá del paralelo 40º, hasta el Nahuel Huapi, en la actual provincia de Río Negro; y otros hasta el mismo Perú, alegando que habrían estado en presencia del propio emperador Inca. Otras versiones, con base más cierta, sostienen que marcharon sin un rumbo claro, pero que en la cordillera se toparon con sociedades originarias del noroeste argentino, parte del desarrollo sociocultural y económico andino bajo el dominio del Imperio Inca. Allí seguramente habrían entrado en contacto con relatos y descripciones de las maravillosas capitales y ciudades incas.

Esa ciudad esplendorosa, llena de tesoros, fue bautizada como Ciudad de los Césares en honor a los participantes de la expedición y a su carismático líder, Francisco César. Esta excursión, o mejor dicho, el relato de lo vivido en la misma por sus protagonistas, constituyó una de las génesis del mito de la Ciudad Encantada, que fue ubicada en lugares que iban desde las pampas y la cordillera hasta la costa atlántica y la Patagonia austral.

Desde el estrecho de Magallanes

Otras versiones más conocidas afirman que la llamada Ciudad de los Césares había sido fundada por un grupo de náufragos que habían quedado en la Patagonia tras las expediciones de Simón de Alcazaba, el Obispo de Plasencia, o bien que era una de las ciudades fundadas por Pedro Sarmiento de Gamboa, más tarde abandonadas.

En 1534, con el objetivo de poblar la Patagonia, Alcazaba organizó una expedición que intentó cruzar el estrecho de Magallanes, pero el Obispo murió al poco tiempo de llegar allí, dejando una partida de 150 hombres, de los que nunca más se supo nada.

Otra trágica suerte corrieron los pobladores de las dos ciudades fundadas por Sarmiento de Gamboa en 1584 en el estrecho, las que abandonó involuntariamente a su suerte tras la pérdida de sus víveres y las embarcaciones. Fracasaron además sus desesperados intentos de organizar en el Brasil, y luego en España, una misión de rescate con provisiones y herramientas. El grupo de desafortunados que quedaron varados estaba integrado por una partida de soldados acompañados por 58 colonos, 13 mujeres, 10 niños y 26 obreros.

En 1587 el corsario inglés Tomás Cavendish encontró a 18 sobrevivientes de dichas ciudades, que se habían reunido en un solo lugar. La escena fue tan dramática que bautizó el lugar con el nombre de "Puerto Hambre". Los sobrevivientes contaron que ellos habían sido parte de la Ciudad de los Césares, y algunos incluso dijeron que habían sido los fundadores, junto con los incas huidos de Cuzco después de que Pizarro hubiera tomado prisionero a Atahualpa.

También se atribuye la fundación de esta Ciudad Encantada a los habitantes de la ciudad chilena de Osorno, en su fuga hacia el sur en 1599, perseguidos por los araucanos.

La difusión de estas historias movilizó a aventureros, gobernantes y religiosos a armar ejércitos y reunir dinero y equipamiento para organizar expediciones en su búsqueda. Las más destacadas –y de las cuales podemos hablar a partir de fuentes reales– fueron las de Hernando Arias de Saavedra (Hernandarias), que salió de Buenos Aires en 1604, y la de Jerónimo Luis de Cabrera, que partió de Córdoba en 1622. Por su parte, los curas jesuitas Diego Rosales, Nicolás Mascardi y Menéndez salieron desde Chile y cruzaron la cordillera de los Andes. Ellos no buscaban tesoros, sino salvar las almas de los Césares. Según contaban quienes la habían visitado, la mítica ciudad estaba llena de templos con cruces, recuerdo del origen católico de los pobladores, quienes luego habrían perdido la fe a causa de la falta de sacerdotes, refugiándose en algunas costumbres paganas y rindiéndose al libertinaje de los naturales, llegando incluso a practicar la poligamia.

Rosales partió en 1650 y recorrió buena parte del sector septentrional del bosque norpatagónico, incluyendo los lagos Nahuel Huapi, Meliquina, Lacar y Huechulafquen. A su vez, Mascardi realizó cuatro viajes: dos en 1670, otro en 1672 y el último en 1673, en el que fue asesinado por los nativos. Con las expediciones que realizó entre 1783 y 1794, Menéndez se convirtió en la última persona que fue en búsqueda de la mítica ciudad.

El libro *La Ciudad de los Césares* –publicado por el historiador Pedro de Angelis en 1836, con el subtítulo de *Derroteros y viages a la Ciudad Encantada, ó de los Césares, que se creía existiese en la cordillera, al sud de Valdivia*– tiene la virtud de recoger en un solo tomo gran cantidad de cartas, relaciones y derroteros que dan cuenta del mito. De Angelis, hijo de la ilustración europea (ver Apéndice), dudaba de la existencia de la mítica ciudad pero su rigor historiográfico lo conminó a editar este material, en una actitud pionera y militante de rescate y preservación de la memoria.

El mito se mantuvo vivo durante el período colonial gracias a que los nativos animaron leyendas de ciudades encantadas en la espesura del bosque o a orillas de lagos aún no descubiertos.

La espectacular revisión histórica que realizó en 1864 el explorador chileno Guillermo Cox, y el análisis detallado –y ahora con criterio cientificista– parecieron cerrar el capítulo de esta historia, juzgando la incredulidad de aquellos que gastaron dinerales, movilizaron ejércitos, infringieron y sufrieron penurias, en la búsqueda de una misteriosa ciudad.

Alberto Pérez
Licenciado en Ciencias Antropológicas, especialista en Arqueología, de la Universidad de Buenos Aires. Investigador de la Fundación de Historia Natural Félix de Azara.

DISCURSO PRELIMINAR A LAS NOTICIAS Y DERROTEROS DE LA CIUDAD DE LOS CESARES.

Pocas páginas ofrece la história, de un carácter tan singular como las que le preparamos en las noticias relativas á la *Ciudad de los Césares*. Sin mas datos que los que engendraba la ignorancia de unas pocas cabezas exaltadas, se exploraron con una afanosa diligencia los puntos mas inaccesibles de la gran Cordillera, para descubrir los vestigios de una poblacion misteriosa, que todos describian y nadie habia podido alcanzar.[1]

En aquel siglo de ilusiones, en que muchas se habian realizado, la imaginacion vagaba sin freno en el campo interminable de las quimeras, y entre las privaciones y peligros, se alimentaban los hombres de lo que mas simpatizaba con sus ideas, ó halagaba sus esperanzas. El espectáculo inesperado de tantas riquezas, amontonadas en los templos y palacios de los Incas, avivó los deseos y pervirtió el juicio de esos felices aventureros, que no contentos con los frutos opimos de sus victorias, se prometian multiplicarlos, ensanchando la esfera de sus conquistas.

El contraste entre la abundancia de los metales preciosos en América, y su escasez, tan comun en aquel tiempo en Europa, y mas especialmente en España, explica esta sed inextinguible de oro en los que marchaban bajo los pendones de Cortes y Pizarro.

La disciplina militar no era entonces tan severa que enfrenase la licencia del soldado, y escarmentase la prevaricacion de los gefes. Nervio principal del poder de los reyes, y ciegos instrumentos de sus venganzas, los egércitos disfrutaban de la impunidad con que suele recompensarse esta clase de servicios, y ninguna barrera era capaz de contener el brazo de esos indómitos satélites del despotismo. Si hay quien lo dude, contemple la suerte de Roma, profanada por los soldados de un general de Carlos V,

---

1 Este trabajo respeta la ortografía del original. Sólo se han corregido aquellos errores evidentes como transposición de letras o una trasgresión a la propia regla aquí fijada. (Nota del Editor)

casi en la misma época en que sus demas caudillos anegaban en sangre á regiones enteras del Nuevo Mundo.

Ninguna de las pasiones nobles, que suelen agitar el corazon de un guerrero, templó esa sórdida ambicion de riquezas, que cegaba á los hombres y los hacia insensibles á los mismos males que sufrian. Los planes que se frustraban eran facilmente reemplazados por otros no menos efímeros y fantásticos; y las últimas empresas sobrepujaban casi siempre en temeridad á las que las habian precedido. No contentos con lo mucho que habian disipado, buscaban nuevos recursos para fomentar su natural propension á los gustos frívolos, cuando no era á los vicios ruinosos.

Bajo el imperio de estas ilusiones, acogian todas las esperanzas, prestaban el oído á todas las sugestiones, y estaban siempre dispuestos á arrostrar los mayores peligros, cuando se les presentaban en un camino que podia conducirlos á la fortuna.

Es opinión general de los escritores que han tratado del descubrimiento del Rio de la Plata, que lo que mas influyó en atraerle un número considerable y escogido de conquistadores, fué el nombre. Ni el fin trágico de Solis, ni el número y la ferocidad de los indígenas, ni el hambre que habia diezmado una porcion de sus propios compatriotas, fueron bastantes á retraerlos de un país que los brindaba con fáciles adquisiciones. Pero pronto reconocian su error, y el vácio que dejaba este desengaño hubiera sido abrumante, si no hubiesen tenido á su disposicion un *Dorado* y los *Césares* para llenarlo.

Estas dos voces, que son ahora sin sentido para nosotros, fueron entonces el alma de muchas y ruinosas empresas. Los gobiernos de Lima, Buenos Aires y Chile, distrayéndose de las atenciones que los rodeaban, tendian la vista hácia estas poblaciones misteriosas, reiterando sus conatos para alcanzarlas; y las noticias que circulaban sobre su existencia, eran tan circunstanciadas y concordes, que arrancaban el convencimiento. Se empezó por repetir lo que otros decian, y se acabó por hablar como testigos oculares.

De los Césares sobre todo se discurria con la mayor precision y evidencia. Eran ciudades opulentas, fundadas, segun opinaban algunos, por los españoles que se salvaron de Osorno y de los demas pueblos que destruyeron los Araucanos en 1599; ó segun otros, por los restos de las tripulaciones de los buques naufragados en el estrecho de Magallanes. "La ciudad principal, (puesto que se contaban hasta tres) estaba en medio de la laguna de *Payegué,* cerca de un estero llamado *Llanquecó,* muy correntoso y profundo. Tenia murallas con fosos, rebellines y una sola entrada, protegida por un puente levadizo y artilleria. Sus edificios eran suntuosos, casi todos de piedra labrada, y bien techados al modo de España. Nada igualaba la magnificencia de sus templos, cubiertos de plata maciza; y de este mismo metal eran sus ollas, cuchillos, y hasta las rejas del arado. Para formarse una idea de sus riquezas, baste saber que los habitantes se sentaban en sus casas de asientos de oro! Gastaban casaca de paño azul, chupa amarilla, calzones de *buché*, ó bombachos, con zapatos grandes, y un sombrero chico de tres picos. Eran blancos y rubios, con ojos azules y barba cerrada. Hablaban un idioma ininteligible á los españoles y á los indios, pero las marcas de que se servian para herrar su ganado eran como las de España, y sus rodeos considerables. Se ocupaban en la labranza, y lo que mas sembraban era *agí*, de que hacian un *vasto comercio* con sus vecinos. Acostumbran á tener un sentinela en un cerro inmediato para impedir el paso á los extraños; poniendo todo su cuidado en ocultar su paradero, y en mantenerse en un completo aislamiento. A pesar de todas estas precauciones, no habian podido lograr su objeto, y algunos indios y españoles se habian acercado á la ciudad hasta oir el tañido de las campanas!"

Estas y otras declaraciones que hacian, *bajo de juramento*, los individuos llamados á ilustrar á los gobiernos sobre la *Gran Noticia* (tal era entonces el nombre que se daba á este pretendido descubrimiento) excitaron el celo de las autoridades, y la mas viva curiosidad del público.

Este fervor, y los proyectos de expediciones que le fueron consiguientes, en que la Corte de España encargó al gobierno de Chile de tomar en consideracion las propuestas del Capitán D. Manuel Josef de Orejuela[2], que solicitaba auxilio de tropas y dinero para emprender la conquista de los *Césares*. Con este motivo se pasaron al Fiscal de aquel reino nueve volúmenes de autos, que se conservan en los archivos, para que aconsejase las medidas que le pareciesen mas conducentes á llenar los objetos consultados. Este magistrado procedió en su exámen con los principios del criterio legal, que no duda de lo que se apoya en declaraciones *juradas, explícitas, concordes y terminantes*. Las objeciones que se hacian contra estos asertos le parecieron cavilaciones de hombres acostumbrados á dudar de las cosas mas evidentes. Puso en cotejo la incredulidad con que se oyeron los vaticinios de Colon sobre la existencia de un nuevo mundo; los muchos é importantes descubrimientos debido á las solas indicaciones de los indios, y buscó en la historia de los naufragios célebres una explicacion fácil al orígen de estas poblaciones ocultas.

Hay errores que merecen ser escusados, y en los que pueden incidir los espíritus mas rectos y juiciosos: tal nos parece el del Fiscal de Chile. Su convencimiento es completo: no solo creia en los Césares, sino que se esforzaba á que todos les creyesen. —*Con semejantes atestaciones*, exclamaba en su entusiasmo, *parece que ya no debe dudarse de la existencia de aquellas poblaciones*. Y realmente ¡cuan peligroso seria en un juez un

---

2 Año 1781. (Nota del Editor)

sistema de investigacion llevado hasta la incredulidad y el escepticismo! ¡Cuan insuperables serian las trabas que opondria el curso de la justicia una conciencia *incontentable*, que desconfiase de la razón y protestase contra sus fallos!.........

No eran hombres vulgares los PP. Mascardi, Cardiel y Lozano[3], y todos ellos participaron de este engaño, trabajando con ahinco para generalizarlo. Uno de ellos fué víctima de su celo apostólico: –los otros estaban dispuestos á imitarle, por la persuasion en que estaban de hallar un pueblo, falto de auxilio de la religión, aunque viviese en la comodidad y la abundancia.

Sin embargo, esta justificacion de un error que ya no es posible disfrazar, debe esparcir dudas sobre muchos hechos históricos, por mas auténticos y calificados que sean. Hay épocas en que la razon se ofusca al contemplar objetos nuevos é inusitados; y expuesto al hombre mas juicioso á una série continua de impresiones violentas, deja de analizarlas, y baja insensiblemente al nivel de las inteligencias vulgares, que todo lo ponderan y admiran. Para cumplir con el precepto del sábio, *nil admirari*, se necesita estar en el pleno egercicio de sus facultades, y haber contraido cierto hábito de dominar sus sentidos, siempre propensos á fascinar, y á engañarse.

¡Cuan distante estaban los conquistadores de América de este estado de sosiego! Para ellos todo era motivo de arrebato, el espectáculo de un nuevo mundo, de pueblos nuevos, de nuevas costumbres, y mas que todo, esas fuentes inagotables de riquezas, que brotaban por todas partes, con mas prontitud que el mismo deseo de poseerlas, mantenian á los hombres en una dulce y perpetua extasis. Sin tomar el opio como musulmanes, probaban las mismas sensaciones, y les costaba trabajo arrancase de ellas.

Con estas disposiciones se forjaron tantas mentiras, y se formaron expedientes para acreditarlas. Los casos mas inverósimiles, los sucesos mas extraños, las declaraciones evidentemente falsas y absurdas, encontraban siempre testigos, y un *escribano* para certificarlas. El que quisiera recopilar estos embustes, formaria una obra voluminosa, y talvez divertida. Garcilaso, el menos crédulo de sus contemporáneos, no ha podido sustraerse á este embeleso; ya exagerando la sabiduria de las antiguas instituciones del Perú; ya sus tesoros, ya la fecundidad de su territorio. Le habian quedado algunas dudas sobre la magnitud extraordinaria de un rábano del valle de Cucapá, del que habia oido hablar vagamente, y se encontró en Córdoba con un caballero español, que acompañaba al Gobernador de Chile

---

3   El autor del prólogo se refiere a **Nicolás Mascardi** (1624-1673?), jesuita italiano, considerado el primer y más importante explorador de la Patagonia; los datos de **José Cardiel** y **Pedro Lozano** se incluyen en los respectivos trabajos ofrecidos en esta obra. (Nota del Editor)

cuando se trató de reconocer y *probar* este hecho. Este español le dijo "*á fé de caballero hijodalgo,* no solo ví cinco caballos atados á la rama del rábano, sino que comí de él, y lo hallé muy tierno."

Con este motivo le habló tambien de un *melon* el mismo valle de Ica, que pesaba cuatro arrobas y tres libras[4], y del que se tomó fé y testimonio *ante escribano*! –De este modo cundia el fraude por obra de aquellos mismos que debia atajarlo, y se sorprendia la conciencia pública hasta en los documentos auténticos.

La poca instruccion que reinaba en las clases privilegiadas, favorecia estas imposturas, y hacia mas dificil su manifestacion. La geografia, que debió haber adelantado en proporcion de los descubrimientos, quedaba estacionaria: y solo al cabo de muchos años se pensó en reconocer lo que habia sido ocupado. De conformidad á los primeros informes sobre la localidad de los Césares, los geógrafos los habian colocado en una abra de la Cordillera Nevada, entre los 45 y 50 grados de latitud austral: y no obstante, habia gefes que preguntaban por la Gran Noticia á los indios Chiquitos, y otros que la buscaban en las riberas del Atlantico! La gravedad con que el Fiscal de Chile funda su dictámen en 1782, prueba que hasta entonces conservó todo su crédito esta patraña.

La solicitud del capitan Orejuela, que dió mérito á este informe, puede haber sido dictada por un exceso de candor, ó por un cálculo de malicia. En ambos casos tiene el mérito de haber dejado concentrado en un solo foco las varias opiniones que se ha vertido sobre el asunto, y cuya lectura es mas que suficiente para clasificarlas.

De los distintos papeles á que se refiere el Fiscal de Chile, hemos extractado lo que nos ha parecido mas conducente á formar el juicio del público, relegando al olvido muchos pequeños detalles que nada hubieran añadido á su convencimiento. –Estos documentos nos han sido franqueados, parte por el Sr. Coronel D. José Maria Cabrer, y parte por el Sr. Dr. D. Saturnino Segurola, cuya liberalidad y benevolencia solo podemos retribuir con este testimonio estéril de nuestro agradecimiento.

Buenos Aires, 28 de enero de 1836[5]

PEDRO DE ANGELIS.

---

4   La arroba era una unidad de masa utilizada en varias regiones de España y en muchos países de Latinoamérica. Su valor dependía de la región o el país. La arroba castellana equivale a 11,5 kg. (Nota del Editor)

5   En la edición original figura **28 de Enero de 1336**, lo que implica un evidente error de imprenta. (Nota del Editor)

DERROTERO

DE UN VIAJE DESDE BUENOS AIRES Á LOS
CÉSARES, POR EL TANDIL Y EL VOLCÁN,
RUMBO DE SUD-OESTE, COMUNICADO
Á LA CORTE DE MADRID, EN 1707,
POR SILVESTRE ANTONIO DE ROXAS,
QUE VIVIÓ MUCHOS AÑOS
ENTRE LOS INDIOS PEGUENCHES.

Los Indios de esta tierra se diferencian algo en la lengua de los Pampas del Tandil ó del Volcan. Dirigiéndose al sud-oeste hasta la sierra Guamini, que dista de Buenos Aires ciento y setenta leguas, se atraviesan sesenta leguas de bosques, en que habitan los indios Mayuluches, gente muy belicosa, y crecida, pero amiga de los españoles.

Al salir de dichos bosques se siguen treinta leguas de travesia, sin pasto ni agua, y se lleva desde el Guamini el rumbo del poniente. Al fin de dicha travesia se llega á un rio muy caudaloso y hondo, llamado de las Barrancas: tiene pasos conocidos por donde se puede vadear.

De dicho rio se siguen cincuenta leguas al poniente, de tierras fértiles y medanosas, hasta el rio Tunuyan. Entre los dos rios habitaban los indios Picunches, que son muchos, y no se extienden sino entre ambos rios.

De dicho rio Tunuyan, que es muy grande, se siguen treinta leguas de travesia, por médanos ásperos, hasta descubrir un cerro muy alto, llamado Payen. Aquí habitan los indios Chiquillanes. Dicho cerro es nevado, y tiene alrededor otros cerrillos colorados de vetas de oro muy fino; y al pié del cerro grande uno pequeño, con panizos como de azogue, y es de minerales de cristal fino. Por lo dicho resultan, hasta el pié de la Cordillera, 330 leguas de camino: y las habrá á causa de los rodeos precisos para hallar las aguadas y pasos de los rios. Pero por un camino directo no puede haber tantas, si se considera que desde Buenos Aires á Mendoza hay menos de 300 leguas, abriendo algo mas el rumbo desde aquí casi al poniente con muchas sinuosidades; y el Payen, segun el rumbo de la Cordillera queda al sur de Mendoza.

Prosigue el derrotero al sur, costeando la Cordillera hasta el valle de los Césares.

Caminando diez leguas, se llega al rio llamado San Pedro y en medio de este camino, á las cinco leguas, está otro rio y cerro, llamado Diamantino, que tiene metales de plata y muchos diamantes. Aquí habitan los indios llamados Diamantinos, que son en corto número.

Cuatro leguas mas al sur, hácia el rio llamado de los Ciegos, por unos indios que cegaron allí en un temporal de nieve, habita multitud de indios, llamados Peguenches. Usan lanzas y alfange, y suelen ir á comerciar con los Césares españoles.

Por el mismo rumbo del sur, á las treinta leguas, se llega á los indios Puelches, que son hombres corpulentos, con ojos pequeños. Estos Puelches son pocos, parciales de los españoles, y cristianos reducidos en doctrina, pertenecientes al Obispo de Chile.[6]

En la tierra de estos Puelches hay un rio hondo y grande, que tiene lavadero de oro. Caminando otras cuatro leguas hay un rio llamado de Azufre, porque sale de un cerro ó volcan, y contiene azufre.

Por el mismo rumbo, á las treinta leguas, se halla un rio muy grande y manso, que sale á un valle muy espacioso y alegre, en que habitan los indios Césares. Son muy corpulentos, y estos son los verdaderos Césares.

Es gente mansa y pacífica; usa flechas, ó arpones grandes, y hondas, que disparan con mucha violencia; hay en su tierra muchedumbre de guanacos que cazan para comer. Tienen muchos metales de plata, y solo usan del plomo romo, por lo suave y fácil de fundir. En dicho valle hay un cerro que tiene mucha piedra iman.

Desde dicho valle, costeando el rio, á las seis leguas se llega á un pontezuelo, á donde vienen los Césares españoles que habitan de la otra banda, con sus embarcaciones pequeñas (por no tener otras), á comerciar con los indios. Tres leguas mas abajo está el paso, por donde se vadea el rio á caballo en tiempo de cuaresma, que lo demas del año viene muy crecido.

En la otra banda de este rio grande está la ciudad de los Césares españoles, en un llano poblado, mas á lo largo que al cuadro, al modo de la

---

6 Pocos años despues que anduvo el autor en aquella tierra, los indios Puelches se amotinaron, y mataron al doctrinero Jesuita. No se sabe si fueron muchos los culpados, pero sabiendo que entraba gente de Chiloé á castigarlos, desampararon su reduccion, y se huyeron: de modo que la expedicion de Chiloé no tuvo mas efecto que haber averiguado dicha huida. (Nota del Autor)

planta de Buenos Aires. Tiene hermosos edificios de templos, y casa de piedra labrada y bien techadas al modo de España: en las mas de ellas tienen indios para su servicio y de sus haciendas.

Los indios son cristianos, que han sido reducidos por los dichos españoles. A las partes del norte y poniente, tienen la Cordillera Nevada, donde trabajan muchos minerales de oro y plata, y tambien cobre: por el sudoeste y poniente, hácia la Cordillera, sus campos, con estancias de muchos ganados mayores y menores, y muchas chácaras, donde recogen con abundancia granos y hortalizas; adornadas de cedros, álamos, naranjos, robles y palmas, con muchedumbre de frutas muy sabrosas. Carecen de vino y aceite, porque no han tenido plantas para viñas y olivares. A la parte de sur, como á dos leguas está la mar, que los provéen de pescado y marisco. El temperamento es el mejor de todas las Indias; tan sano y fresco, que la gente muere de pura vejez. No se conocen allí las mas de las enfermedades que hay en otras partes; solo faltan españoles para poblar y desentrañar tanta riqueza. Nadie debe creer exageracion lo que se refiere, por ser la pura verdad, como que lo anduve y toqué con mis manos.

(Firmado) –Silvestre Antonio de Roxas.

Dicho Silvestre se embarcó para Buenos Aires en los navios de D. José Ibarra, el año de 1714. La copia de su carta ó memorial está autorizada por D. Francisco Castejon, secretario de su Majestad en la Junta de guerra del Perú, con fecha de 18 de Mayo de 1716, para remitirla al Presidente de Chile, de órden del Rey.

Los mas tienen por falso lo que contiene dicho informe. No me empeño en justificarlo; pero me inclino á que es cierto lo principal, de haber tal ciudad de españoles, mas hácia Buenos Aires, ó el estrecho de Magallanes, y lo fundo en las razones siguientes.

La primera es, que el autor, despues de referir al Rey su historia, asegurando que los Peguenches lo cautivaron en la campaña de Buenos Aires, yendo á una vaqueria con un D. Francisco Ladron de Guevara[7], á quien y á su comitiva mataron dichos indios, añade, que el haber salido de entre ellos, estimulando de su conciencia para morir entre cristianos, y restituirse á su patria, dejando las delicias del cacicazgo, fué tambien para informar de dicha ciudad al Rey Nuestro Señor, lastimándose mucho de la poca diligencia que para su descubrimiento hicieron en los tiempos pasados los Ministros, á quienes los Reyes, sus antecesores, le habian encargado.

Silvestre Antonio de Roxas no es nombre supuesto; porque D. Gaspar Izquierdo afirma que lo conoció en Cadiz, en tiempo que le comunicó en

---

7 No confundir con Diego Ladrón de Guevara (1641-1718), eclesiástico y administrador colonial español, virrey del Perú (1710-1716). (Nota del Editor)

substancia lo mismo; y se lamentaba del poco caso que habia hecho de materia tan importante. Que el dicho Roxas, aunque fué pobre de Buenos Aires, con dinero que heredó de un hijo suyo en Sevilla, habia comprado armas con que armar una compañia de soldados de á caballo para el dicho descubrimiento, y las volvió á vender.

Que no era imaginario dicho informe, se deduce de que su copia simple me la prestó en Chile D. Nicolás del Puerto, general que fué de Chiloé; quien me afirmó, que, en virtud de este informe, se escribió á los Césares, el año de 1719, por un Sr. Oidor, de quien era amanuense dicho D. Nicolás, y por órden de aquella Real Audiencia, una carta que un indio ofreció llevar, y volver con la respuesta. Esta carta yo la ví, cuando el tal indio estuvo en esta ciudad de Buenos Aires á pedir á su Señoria algun socorro de caballos, que no se les dieron, y solo se le ofreció regalarle si conseguia carta de los Césares, y la traia á su Señoria antes de llevarla á Chile.

Que el dicho indio fuese embustero, es posible; pero D. Nicolás del Puerto crée que lo mataron los indios Puelches, u otros; porque en la entrada que se hizo de Chiloé por el alzamiento de dichos Puelches, pareció en poder de un indio no conocido, la carta referida, que el reconoció en Chiloé por ser de su letra. Tambien me informó dicho D. Nicolás del Puerto, que en ocasion de hallarse en Chiloé, y en el estrecho de Magallanes, en un brazo de mar que entra tierra adentro, sacando los españoles de un navio que se le perdió, un indio de aquella tierra, á quien tomó aficion, le comunicó, con gran encargo del secreto, que por esta parte de la Cordillera habia un pueblo de españoles; pero que los indios no querian que se supiera, y que si sabian que él habia descubierto á algun español, lo matarian sin duda.

Dicho D. Nicolas del Puerto me hizo relacion de que este indio aseguraba, que aquel brazo de mar se juntaba á otro, que cree ser el estrecho de Magallanes, por donde facilmente se podia navegar á dicho pueblo de españoles.

Añade el mismo D. Nicolas, que los vecinos de Chiloé desean hacer el descubrimiento, sin embargo de lo necesario que seria rodear en la Cordillera para hallar un camino; pero que solo lo impide su mucha pobreza; y que le parece que se empeñarian en 2 ó 3000 pesos, si se les anticipáran para los avios del viage.

Las tradiciones que hay en Chile, de lo que declararon allí dos hombres que salieron de dicho pueblo, á los 30 años de fundado, acreditan que no es fábula, y se conforman con el derrotero de Silvestre Antonio de Roxas. Porque dicen, que habiéndose perdido el navio en la altura de 50 grados, salieron á tierra con lo que pudieron salvar y cargar; y caminaron seis ú ocho dias al nord-este, hasta un parage, donde se asentaron y poblaron, por haber sugetado allí, y rendídoseles mas de tres mil indios con sus familias.

Y suponiéndose, por via de argumento, que declinaron uno y medio grados de polo, quedaron en 48 ½ de la equinoccial. Buenos Aires está en 34 grados, 36' y 39", la diferencia es 13 grados 53' Y 21",que por ser el rumbo de nord-este al sud-oeste, con poca diferencia, viene como un tercio, y habria de distancia 31 grados, leguas poco mas ó menos. Si se atiende á las 48 leguas que Silvestre Antonio de Roxas pone desde el Payen hasta los Césares, caminando de norte á sur, con los 33 grados que refiere hay de Buenos Aires al Payen, no se diferencia mucho de lo que tendrá la mitad del camino, y de lo que aumenta el rumbo del poniente: porque lo demas que cae en las pampas, alejándose del sud-oeste, que es como quien endereza al mismo estrecho, queda del camino de dicho derrotero cerca de la mar, otro tanto cuando hay por el cabo de San Antonio en la boca del Rio de la Plata.

Tambien se ignora si despues mudaron dichos dos hombres su poblacion mas al nordeste, porque entonces quedarian mas cerca de Buenos Aires de lo que estaban al principio.

Tambien se conforma la distancia que hay desde Mendoza hasta el cerro de Payen, con el viage que hizo al descubrimiento de dicho cerro, el año de 1701, D. Nicolás Francisco de Reteña, siendo corregidor de Mendoza; que los que fueron con él regulaban en menos de 150 leguas algunos, y otros en mas; estando como está Mendoza al norte de los Césares, distaré 250 leguas de ellos.

En dicho año de 1701, entrando D. Juan de Mayorga á recoger ganado desde la Punta del sur, estando muy tierra adentro, se infiere llegaria hasta cerca de 100 leguas de los Césares. Aseguran en Mendoza, que fué á buscarle un indio de aquella cercanias, trayéndole dos caballos ensillados á la gineta, y dijo eran de dos caballeros que habia salido de los Césares en busca de españoles, y que los indios de la faccion, de que era cacique, inadvertidamente los habian muerto.

Fuera de otras noticias confusas, que mal explicadas de unos en otros indios, han llegado en varios tiempos á Buenos Aires, este año de 1740, examiné con industria á un indio de los de la Cordillera de Chile, llamado Francisco, á quien los indios, que acá llamamos Césares, habian traido muy muchacho por esclavo. Preguntándole si era de las naciones Peguenches ó Puelches, ó de qué nacion; contestó, que lo sacaron de su tierra tan niño, que no se acuerda; sino que es muy tierra adentro, mas allá de los Peguenches y Puelches, haciendo la seña, como que es á la parte del sueste de los Puelches, y adentro de la Cordillera, que mira á Chiloé, aunque no sabe dar razon de dicho Chiloé.

Pero, preguntando si cerca de su tierra está la de los indios que llaman Césares; respondió, que estaban cerca de allí; pero mas cerca de Buenos Aires. Y preguntado, si en su tierra oyó decir que cerca de los indios Césares habia una poblacion de españoles; contestó, en propios términos, que era cierto que habia españoles, pero que estaban mas acá de los indios Césares, hácia la mar, y que la gente de aquellos parages, inmediatos á los Césares, tienen vacas y caballos, como los españoles de por acá. Añadió dicho indio, que los indios de aquellas partes no quieren que se oiga que hay tales españoles.

Este indio lo conocí mucho, por haberme servido en el viage á Chile, á fines del año de 1738. Es de natural silencioso y sencillo, verídico en su proceder, y cuando diese tales respuestas de invencion suya, mal podria acaso acertar en circunstancias concordantes con la relacion del dicho Silvestre Antonio de Roxas; ni este, si fuese tan embustero, que hubiese en su fantasia fabricado su relacion tan adecuada á las tradiciones y á la razón que dá el dicho indio Francisco.

Se ha reparado en que Silvestre Antonio de Roxas no expresa en su informe qué modo de cristiandad, uso de sacramentos, y gobierno eclesiástico tienen los españoles Césares, ni qué republica y leyes civiles observan; el vestuario y las armas que usan; obrages y otras circunstancias que calla; ni lo que discurren de los otros españoles de estas partes, de que tal vez tendrán noticias tan dudosas y confusas como nosotros de ellos. Pero este reparo no me hace fuerza, considerando que dicho Roxas entraria por algun acaso á la tierra y ciudad de los Césares, como indio Peguenche, disimulado de los otros indios, y atendió solo á lo visible, sin detenerse en tales particularidades; y por la relacion tan sencilla que hace en su informe, se advierte que su cuidado se redujo á informar á Su Magestad ser cierto que habia tal ciudad de los Césares españoles.

Muchos, ó los mas creen imposible que sea cierta dicha relacion, arguyendo que de serlo hubieran salido dichos Césares en busca de otros españoles; pero se les responde que no es de maravillar esta omision en ellos, cuando la nuestra es mayor en no haberlos procurado buscar, sabiendo que hay distancia cierta hasta la costa del mar, que corre desde el estrecho de Magallanes hasta la Bahia de San Julian, en cuyo intermedio es preciso que estén, si no es fabulosa su existencia: y que es de persuadirse que los indios sus comarcanos les ponderarian que es imposible llegar por entre naciones bárbaras, y caminos inaccesibles, á abrir comunicaciones con los demas españoles de estos reynos: porque la política de los indios, aunque bárbaros, será engañarlos, para que no haya motivo de que los españoles los conquisten, y descubran las riquezas de que no quieren usar; lo que observan rigurosamente, solo por ocultarlas á los españoles; por conocer que ni dominacion, ni comercio han sido la epidemia de infinidad de indios que habitaban antes las tierras, que al presente tienen pobladas los españoles.

Tambien puede haber entre los tales Césares españoles la política natural de no descubrirse á quienes los domine, para que no alteren el modo de gobierno, y las leyes municipales entre si acordadas , con que puede ser esten bien hallados: pues la parcialidad entre ellos dominante, mas querrá carecer de las utilidades que les podia proporcionar la sugecion al Rey de España, que decaer en la autoridad, que pueden pensar establecida en su descendencia.

Ni fuera temerario creer, que como lo hicieron los pocos que empezaron á restaurar de los moros el reyno de Aragon, hayan dichos españoles Césares fundado alguna, aunque muy pequeña monarquia, con tales fueros y libertades de los súbditos, y limitaciones de la soberania, que aborrescan absolutamente en comun la novedad del gobierno, y de las leyes á que no estan acostumbrados.

Y suponiendo que aunque haya 350 leguas por mar de aquí al paraje que señala dicho derrotero, se podria á poca costa descubrir con un navio y una falua en menos de tres meses de ida y vuelta, y salir de tantas dudas, no deja de ser notable el descuido que hay en esto: y aun cuando no fuese cierta la noticia de dichos Césares, podrian á la venida descubrir con una buena chalupa, las ensenadas y puertos que hay desde el Cabo San Antonio al estrecho de Magallanes, y si los dos grandes rios de las Barrancas y Tunuyan son navegables tierra adentro, con otras circunstancias que pueden ser muy importantes al servicio del Rey, y seguridad de esta parte de América: porque sin duda Su Magestad enviaria providencias para asegurar que en ningun tiempo cayesen en poder de extrangeros los puertos de San Julian, y otros que se descubriesen &a.[8]

8　En la versión original se usa frecuentemente este recurso tipográfico con el sentido de "etcétera". (Nota del Editor)

CARTA

Del Padre Jesuita José Cardiel[9], escrita al señor Gobernador y Capitan General de Buenos Aires, sobre los descubrimientos de las tierras patagónicas, en lo que toca á los Césares (11 de Agosto de 1746.)

Señor Gobernador y Capitan General.

Me alegraré que V. S. se halle con la cabal salud que mi deseo le solicita para universal bien de estas provincias.

Estando en esta nuestra estancia de Areco, retirado de la mision de españoles, que no pude proseguir mas que por 15 dias, á causa de la defensa ó guerra contra los indios, he recibido respuestas de mi Provincial á la carta que le escribí recien llegado del viaje del mar, enviándole el diario del viage, y pidiéndole que informase al Consejo Real sobre el celoso y eficaz porte de V. S. acerca de dicho viage. Contiene la respuesta tres puntos: en el primero me dice estas formales palabras: –"Haré lo que dice el Sr. Gobernador, de escribir al Consejo, como su Señoria lo merece, por su celo y eficacia en servicio de Dios, y del Rey; que quizá si no hubiese sido por él, nada se hubiese hecho. Yo me alegrára mucho de poder servir á V. S. en cosas de mayor monta; pues ademas de otros títulos milita en mi el de paisano."

En el segundo me pide, que ruegue á V. S. me dé una certificacion firmada de los gastos que los tres Padres hemos hecho en el viage, porque así conviene. Ruego á V. S., me haga este favor, como de su benevolencia lo espero: podrá venir esta certificacion con él que lleva esta carta, enviandola para eso al Colegio.

---

9   **José Cardiel** (1704-1782), misionero jesuita español, explorador de la Patagonia argentina. Fundó numerosas reducciones y sus exploraciones se extendieron desde el Guaira hasta la Patagonia, cuyas costas recorrió, en barco y a pie, hasta las proximidades de Bahía Blanca. (Nota del Editor)

En el tercero me dice, atendiendo á mis deseos, que, "luego que halle coyuntura emprenderá el viaje del Volcan, que es tierra distante de Buenos Aires como cien leguas al sud-oeste; para ver si allí hay forma y parage á propósito para formar un pueblo de indios serranos, que los Padres del de los Pampas tienen apalabrados; y penetrar desde allí á los célebres Patagones y Césares, hasta el estrecho de Magallanes. Porque habiéndose frustrado esta empresa por mar, por lo inhabitable de sus costas, como hemos visto, dice que no halla otro modo para esta tan famosa mision, por tantos años pretendida por el ánimo real, y del nuestro, sino principiando por dichos serranos, y prosiguiendo por sus inmediaciones á los inmediatos." Larga y tarda empresa, por cierto, si así se toma; mas pronta y eficaz la espero yo por la actividad, y celo cristiano y real de V. S., especialmente si V. S. considera bien lo que aquí dice.

Sabido es que el Papa, como Vicario de Cristo en la tierra, entregó al Rey Católico la América con sus islas, haciéndole tutor de todos sus habitadores, para que como tal procurase su reduccion al cristianismo, con su poder, y con el egemplo de sus vasallos. Penetrado Su Magestad en esta obligacion, no cesa, por espacio de tres siglos, de hacer lo posible en cumplirla, ya despachando continuas cédulas á los Vireyes y Gobernadores, exhortándoles á lo mismo, y prometiéndoles favores á los que se esmerasen en este tan cristiano celo; ya premiando colmadamente á los que en este punto se han adelantado, como se pude ver en las historias de este Nuevo Mundo; ya enviando continuamente ministros evangélicos á su costa, y señalando en casi todas las provincias buen número de soldados que les sirvan de escolta en sus ministerios. Pues ademas de los muchos que tiene pagados para esto en Filipinas, Marianas y Mégico, en solo la provincia del Nuevo Reino, que comprende solamente desde Panamá hasta el reino de Quito, tiene pagados exclusivamente para este intento cuatrocientos soldados, con sus cabos respectivos, y con sueldo mayor que el de Buenos Aires: y en Buenos Aires tiene pagados para lo mismo cincuenta con su capitan; especificando que hayan de ser para escolta de los Padres Jesuitas de la mision de Magallanes y Patagones, que es de aquí al Estrecho. Todos estos soldados, de todas estas provincias, son para solos los misioneros Jesuitas, y no de otra religión.

Los cincuenta de esta ciudad de Buenos Aires los señaló Su Magestad desde el año de 1684, de que no dejará de haber cédula en ese archivo; y manda Su Magestad que vayan siempre á obediencia de los misioneros. Así lo refiere D. Francisco Javier Xarque, Dean de Albarracín, en la historia que escribió en los misioneros del Paraguay, y lo mismo manda que se efectúe en las demas provincias.

Acerca de estas tierras de Magallanes, ha puesto su Magestad especial empeño; pues habrá poco mas de cuarenta años, que envió una mision entera para estas tierras, y en ellas venian padres escogidos, de tierras frias, para que mejor pudiesen aguantar los frios de hácia el Estrecho. Una Condesa se hizo protectora especial de esta mision, dió varias alhajas para ella, que estan todavia depositadas; y el altar portátil, que en este viage marítimo hemos llevado, es uno de estos dones. Comenzóse á disponer el viage, señaláronse soldados, buscábanse viveres, y cuando no faltaba mas que caminar, lo deshizo todo el enemigo comun, por intereses particulares de algunos. No era vizcaino el Gobernador, ni tenia brios, eficacia, ni empeño de tal; que si los tuviera, poco hubiera podido Satanás.

Hasta ahora han estado todas esas miserables naciones en manos del demonio, cayendo cada dia al infierno. ¿Qué corazon cristiano lo podria sufrir, y siendo próximos nuestros redimidos con la sangre de un mismo Rey y Señor? Basta un rastro de cristiandad, sin ser necesario ser recoleto, para mover á compasion á cualquiera, haciéndole poner los medios posibles para ello; especialmente á los que tienen autoridad y poder para hacerlo. Nuestros padres, así de Chile, que es otra provincia, como de aquí, han empleado varios arbitrios: pero como para ello es menester el brazo seglar, y este ha faltado, tambien han faltado ellos.

Acerca de estas tierras hay mas especiales motivos, acerca de otras, para procurar su conquista, así espiritual como temporal: porque además de haber, tierra adentro, naciones de indios labradores, segun se tiene noticia de los de á caballo comarcanos, y tambien de á pié; estas dos calidades de labradores, y de á pié, son, segun nos muestra la experiencia, mas favorables para recibir el evangelio, que si fuesen de á caballo, ó vagabundos sin sementera, que es casi imposible de convertirlos.

Ademas de esto digo, que hay graves fundamentos para creer que hay tambien poblaciones de españoles, y quizas con algunas minas de oro y plata, lo cual ha dado motivo á la decantada ciudad de los Césares.

Los fundamentos son estos: el suplemento á la historia de España por Mariana[10], y los mapas modernos dicen, que el año de 1523, entraron por el estrecho é Magallanes, cuatro navios españoles: los tres se perdieron en el Estrecho, y el cuarto pasó á Lima. En 1526, fué la flota de Molucas: pereció en el Estrecho la capitana, y las demas pasaron á dichas islas. En 1535, entraron en dicho estrecho algunos navios, amotinóse allí el equipage, y los hicieron naufragar. En 1539, entraron otros tres navios: el primero naufragó, el otro volvió de arribada, y el tercero pasó. Despues, (no dicen en que año) D. Pedro Sarmiento llegó al Estrecho con cuatro navios para poblar, y hacer escala de los demas, como ahora pretendiamos nosotros. Antes del Estrecho, á la entrada, formó una poblacion con el nombre de Jesus; y en ella dejó 150

---

10 Se refiere a Juan de Mariana (1536-1624), escritor, sabio biblista e historiador español. Sus principales obras son las conocidas como *Historia* y *De rege. Historia de rebus Hispaniae XXV libri* (1592), que fue publicada en 1605. (Nota del Editor)

hombres de guarnicion. Mas adelante, en el centro del Estrecho, echó los fundamentos para una ciudad, con el nombre de San Felipe. Todos dicen, que en varios parages del Estrecho hay leña y agua dulce, y por eso haria allí esas dos poblaciones; las cuales cosas no se encontraron en las costas, antes del Estrecho en los puertos que hay: que si se encontraron con pastos y tierras de sembrar, yo juzgo que hubieran sembrado los españoles.

Pobló, pues, Sarmiento estos dos parages, y á poco tiempo, por las muchas calamidades, frio, hambre, y no venirle socorro, se volvió á España. Esto dice dicho suplemento y los mapas ¿Qué se hizo, pues, de toda esta gente, que en tantos navios se perdió? ¿Se ahogó toda? No por cierto, porque el Estrecho es muy angosto en partes: dicen aun los modernos que es de solo media legua, y por eso es cosa fácil el salvarse los naufragantes. Cuentan que de tres navios, habiéndose perdido los dos, y volviendo el uno, vió este á toda la gente en la orilla; que aunque le pedian que los llevase, no se atrevió á ello por falta de víveres y de buque, y con toda la gente de los demas navios perdidos sucederia lo mismo. Presúmese, pues, que toda esta gente habrá emparentado con los indios, y tendrán sus poblaciones á trescientas ó cuatrocientas leguas de aquí.

El que no se haya descubierto en tanto tiempo, no me hace fuerza; pues las Batuecas, en medio de España tan poblada por todas partes, estuvo tantos centenares de años, ó sin descubrirse ó con muy poca ó dudosa noticia de que hubiese gente. Y pocos años ha, en medio del reyno de Mégico, mucho mas poblado por cristianos que en estas partes, se descubrió una nacion hasta política, de quien existian varias dudas de si la habria ó no. Y mas arriba de la Nueva Viscaya y del Nuevo Megico, en donde los mapas antiguos ponen la gran ciudad de Quiriza, de quien se decian tantas ó mas ponderaciones que las que se hacen de los Césares, y á cuya empresa ó conquista fueron tropas españolas, y se volvian cansados de la dificultad, diciendo que estaba encantada (vulgaridad que dicen luego para cohonestar su falta de empeño y constancia), se descubrió la nacion de los Pitos, gente efectiva, que vive en ciudades con edificios altos de suelos, y este es el encanto.

Con que habiendo aquí mas dificultades que en lo dicho, no debe hacer fuerza el que hasta ahora no se haya descubierto. Ni tampoco me hace fuerza lo que dicen algunos, que si hubiera tales Césares, ó poblaciones, era imposible que alguno de ellos no hubiera venido acá: porque si ninguno de estas pares ha penetrado mas de doscientas leguas de aquí hasta el rio del Sauce, por las dificultades que se han ofrecido, ¿qué estraño es que ellos, teniendo menos medios, y quizás sin caballos, no hayan podido penetrar hasta nosotros?

Pero vamos adelante, mostrando mas fundamentos. En la vida del santo Padre Nicolas Mascardi se dice, que siendo Rector del Colegio de

Chiloé, ahora 60 ó 70 años, viendo que en el archivo de una ciudad de Chile habia una relacion de dos españoles, en que decian que habian salido huyendo del Estrecho por un homicidio que habia sucedido en una poblacion de españoles que en dicho parage habia, formada de la gente que se perdió en un navio que naufragó, y cotejando con esta relacion las noticias que daban los indios, se determinó á ir en busca de ellos. Encontró en el camino una nacion de indios, harto docil, que le pidio el bautismo. Pasó hácia el oriente. Salió al camino un cacique, que le dió una ropilla de grana, un peso de fierro, y un cuchillo con especiales labores en el puño, y le dijo: has de saber, que tantas dormidas de aquí (así cuentan las jornadas), hay una ciudad de españoles. Yo soy amigo de los de esa ciudad. Por la voz que corre de indios á indios, han sabido, que un sacerdote de los cristianos, anda por estas tierras: desean mucho que vayas allá; y para que creas que es verdad, me han dado estas señas. El padre no pudo penetrar allá, ni ellos pudieron juntarse con el padre por los indios enemigos. Envió dichas señas á Chile, y allí conocieron el cuchillo por su especial cabo, y dijeron que era del hijo del capitan tal (que no me acuerdo del nombre), que años habia se habia perdido con su navio en el Estrecho.

Pasó adelante, donde le dijeron otros indios, que de otra ciudad habian salido en su busca dos españoles vestidos de blanco, que era el trage que allí todos usaban; y que llegando á una gran laguna, no pudieron pasar, y se volvieron. Tampoco pudo penetrar acá el padre. Dijeronle que mas adelante habia un muchacho, que habia estado algun tiempo en una de esas ciudades y que sabia la lengua de los cristianos: llego allá el padre, dió con el muchacho, y vió que sabia español, aunque pronunciaba mal.

Prosiguió en busca de esta ciudad, y otros indios mas bárbaros lo mataron: aunque otros dicen que los mismos que lo guiaban por codicia de los abalorios que llevaba para ganar la voluntad de los que encontraba. Eran su escolta y su guia unos pobres indios traidores, como lo son de génio. Despues de la muerte de este padre, por las noticias que de él se adquirieron, resultó el venir la mision de que hablo arriba.

Hay mas: un cristiano español ó mixto, hizo una relacion que anda por Buenos Aires, en que dice en suma, que llevandole cautivo, ó de otra forma, llegó á una de estas ciudades, de que cuenta grandezas, y que en cierto parage antes de llegar, habia un cerro de diamantes, y otro en otro parage de oro. Un corregidor del Perú, llamado Quiros ó Quiroga, cuenta en suma en su relacion, que siendo de diez años, estando en Amberes, se embarcó en un navio, y que caminando por las costas de Magallanes, mucho antes del estrecho, y metiéndose con la lancha por un riacho, saltando á tierra, dieron con él, el piloto, y todos los de la lancha, unos hombres que los llevaron por tierra, y que llegaron á una gran laguna; que allí se metieron en una embarcacion, y aportaron á una isla en medio de ella, en donde habia una gran ciudad é iglesia, donde estuvieron tres dias; que no entendian la lengua; y que al partir les dieron dos cajoncitos de perlas, que se cogian en aquella laguna. Que por señas, y por nombrar Rey y Papa, entendieron que les decian que era para ellos: que el piloto como herege se las llevo para si: que cresciendo, y siendo ya mozo, dió cuenta de todo al consejo, prometiendo señalar la costa del riacho, por donde entraron: que le señalaron cuatro navios; y que suscitándose en este tiempo la guerra del Emperador y Felipe V, se deshizo el viage, por lo cual pretendió un corregimiento, que consiguió en el Perú. Estas y otras muchas cosas dice en su relacion; y se asegura que murió poco há.

Añadese á esto lo que cuenta una cautiva, que llevaba á muy distantes tierras, hácia el sud-oeste, encontró unas casas, y en ellas gente blanca y rubia; y que estando ella muy alegre, juzgando ser gente española, se le ahogó todo el contento, viendo que no les entendia palabra. Además de esto los indios estan continuamente diciendo, que hay tales poblaciones, y muchos de ellos convienen en que, en medio de una gran laguna hay una gran isla, y en ella desde la orilla se vé una gran poblacion, en la cual descuella mucho una casa muy grande, que piensan ser iglesia; y que otra pequeña está siempre echando humo, y que desde la orilla se oyen tocar campanas: y dicen que desde el volcan (de que hablé arriba) á donde dicen, mi Provincial "que yo vaya" hay solamente seis dias de camino, al andar de ellos, que es lijero.

Estos y otros fundamentos hay para creer que haya dichas poblaciones en este vasto espacio de 400 leguas. Creo que estas noticias estan mezcladas con muchas fabulas, mas habiéndose perdido tantos tantos navios no puede menos de haber algo de lo que se dice, y que por algo se dijo, pues que *no hay mentira que no sea hija de algo*. Lo de no entenderse la lengua, es muy factible; siendo aquella poblacion del español corregidor, y la otra de la cautiva, de gente olandesa, ó inglesa; que tambien dicen que se ha perdido en el estrecho navios olandeses. La historia de Chile por el padre Ovalle[11] trae algunos naufragios de ellos; y tambien puede ser que algunos españoles con el mucho tiempo, hayan perdido la lengua española, usando la que aprendieron de sus madres indias, con quienes se casaron los primeros. ¿Cuantos hay en el Paraguay, que no saben la lengua española? Y si se conserváran los primeros españoles que se casaron con las

---

11 **Alonso de Ovalle** (1601-1650), cronista chileno, nacido en Santiago. Sacerdote jesuita, fue rector del Colegio Convictorio de San Francisco Javier (1636-1640) y desempeñó funciones de su ministerio (1641-1650) en Europa, donde, para dar a conocer el país, publicó *Histórica relación del reino de Chile* (1644), obra de poético estilo, que descubre el paisaje –especialmente la cordillera de los Andes– e inaugura la prosa artística en Chile. Es considerado el primer escritor de su país. (Nota del Editor)

GRABADO DE LANDSSER. CACIQUE PATAGÓNICO.

indias, sin que ningun europeo fuera allá, no se usára, ni se sabria ya otra lengua que la del indio, y aun con tanta mezcla de europeos, que cada dia van allá, la lengua que comunmente se usa, es la de los indios Guaranís como en Viscaya la vascongada?

¡O cuanto me alegrára que V. S., sin hacer caso de algunos que quieren pasar por criticos y discretos, haciéndose incrédulos á todo, pusiese todo empeño en averiguar este punto, consiguiendo con su eficacia lo que otros no han podido! ¡Cuan deveras le serviria yo á V. S. en cosa que puede ser de tanto servicio de Dios, y del Rey! De Dios, pues si encontráramos españoles, estos, sin sacerdote tantos años, estarán con muchos errores en la Fé, y las costumbres, como el pueblo de las 400 casas, que dicen el clérigo agradecido Ordoñez, que encontró hácia Filipinas de un navio que habia naufragado 70 años antes, que tenian su cabildo é iglesia, á donde iban á rezar todos los dias de fiesta en lugar de misa, por no tener sacerdotes. Pero cada uno estaba casado con tres ó cuatro indias, diciendo que para multiplicarse, y poderse así defenderse de los indios enemigos, les era aquello lícito (¡qué de teólogos hace la depravada naturaleza!), y tenian otros varios errores. Sin hablar de la docilidad de los indios para el cristianismo, que en tanta variedad de naciones se puede encontrar.

Este descubrimiento se podrá hacer con 300 paisanos de esta gente estanciera, sin gastos reales; llevando cada uno 5 ó 6 caballos y otras tantas vacas, pues esta gente no gasta pan ni biscocho. Con caballos y vacas, todo tienen, y con solo darles pólvora y bala, de 6 á 7 libras de cada cosa (pues muchos usan lanza) estaba hecho el gasto. Porque hacha, barretas, azadas, palas para hacer pozos, á falta de agua, empalizadas para defensa de enemigos, &a; todos llevarian de sus casas, y cueros para pasar rios.

Si yo, que soy conocido por estas partes, viniera á cada partido y juntándome cada sargento mayor su gente, les hiciera una exhortacion animándolos á la empresa, poniéndoles delante los grandes bienes que de ella se seguirian al servicio de Dios, del Rey y aun el suyo propio, por lo que se podria hallar de preciosidades á trueque de cuentas de vidrio y otros abalorios, como las lograron los que descubrieron á Mégico y al Perú, y en caso de no hallarse esto, que los tendria V. S. muy en la memoria para sus aumentos; y mas si con esto se les leyese, un papel en que V. S. les hiciese estas debidas promesas: si esto se hiciese, es factible, que sin mas aparatos ni gastos, se conseguiria en intento; el viage deberia hacerse por Septiembre porque de aquí hasta el rio del Sauce, por el verano, suele haber falta de agua y aun de pastos. Desde ahí hasta el Estrecho dicen los indios que en todas partes hay agua y pastos. Habria de durar 6 á 8 meses si se registrára bien todo: y para tantos meses eran menester cinco reses para cada uno y con cabos que fuesen de empeño (que si no son escogidos, luego se cansarian), todo se conseguiria y V. S., ademas del prémio que se le guardaria para la otra vida, lo tendria grande del Rey Nuestro Sr. Nosotros acá no buscamos sino la honra y servicio de Dios, de aquel gran Señor, á quien no correspondemos, sino haciendo mucho por Su Magestad, y con solo su honra y gloria estamos contentos.

Si á V. S. no le agrada este proyecto, ó si no tuviere efecto juntar la gente de este modo, puede V. S. discurrir otro con gastos reales, ó á costa de particulares, que quieran entrar en la empresa. En todo estoy á las ordenes de V. S. que Dios guarde los años de mi deseo. –Estancia de Areco, y Agosto 11 de 1746. –B. L. M. de V. S. su mas afecto servidor y Capellan–

JOSÉ CARDIEL.

CAPITULO

DE UNA CARTA DEL P. PEDRO LOZANO[12] AL P. JUAN DE ALZOLA, SOBRE LOS CÉSARES, QUE DICEN ESTAN POBLADOS EN EL ESTRECHO DE MAGALLANES.

Bien sé que en esta materia no faltan fundamentos que absolverian mi juicio de la nota de temerario; pues aquí me ha dicho el Sr. Rector, que en su tiempo pasó por Córdoba un flamenco que habia salido de los Césares para Chile, porque habiéndose perdido su navio fué á dar á aquella tierra, de donde lo llevó D. José Garro á Europa. Otros mozos se perdieron en la vaqueria, y fueron á dar á aquella laguna en cuya orilla oyeron campanas.

El año de 512 salieron, segun creo, por la Concepcion algunos de dichos Césares, de los cuales uno entro en Chile en la Compañia; y aun en Chile parece se ha tenido muy por cierto que hay dichos Césares; pues aun el venerable Padre Antonio Ruiz de Montoya[13], en un memorial que presento á Felipe IV, despues de haber estado cuatro años en Madrid, y en el que responde á nueve calumnias contra esta provincia, rebatiendo la segunda, de que los Padres ponen mal á los españoles con los indios, en uno de los parrafos á favor de los Padres dice asi: *–A los Césares pretendieron conquistar los españoles. Entraron con grandioso aparato por sus tierras; pero escarmentados en los indios de Chile sus vecinos, no quisieron recibir el yugo. Y no hubo allí religioso de la Compañia que les hablase mal é indujese*

---

12 **Pedro Lozano** (1697-1752), eclesiástico e historiador español, considerado el primer gran historiador de la región rioplatense. Sus obras principales son: *Diccionario histórico índico, Descripción chorográfica del Chaco, Historia de la Compañía de Jesús en la provincia del Paraguay, Historia de la conquista de la provincia del Paraguay, Río de la Plata y Tucumán* e *Historia de las revoluciones del Paraguay.* (Nota del Editor)

13 El jesuita **Antonio Ruiz de Montoya**, en su libro *Conquista Espiritual* (1639), dedicó todo el Capítulo III de la obra a la zoología rioplatense; y el VII, al estudio –por vez primera– de la yerba mate. (Nota del Editor)

á no recibir á los que pretendian conquistarles. Tengo en mi poder dicho memorial que es de 11 hojas de á fólio. Y en el año de 1673, entró desde Chiloé el venerable padre Nicolás Mascardi, en busca de ellos; pero le martirizaron en el camino, y un papel que habrá 6 años me dió el padre Rillo, dice así: –"El año de 1711, por invierno, cuando está cerrada la cordillera, salió á la ciudad de Chiloé, que cae de la otra parte de la cordillera hácia el Estrecho de Magallanes, uno de los Césares españoles, quien hizo relacion, de como en un ángulo de la cordillera, que cae de esta banda, estan situadas tres ciudades de españoles, de los navios que se perdieron en dicho estrecho de Magallanes, viníendo á poblar estas Indias en tiempo de Carlos V; que por eso los llaman *Césares* (relacion que dió un español antiguado), las cuales tres ciudades quiso llamar á una, y la mas populosa, los Hoyos, la otra el Muelle, y la tercera los Sauces. Distan segun los cosmógrafos, y por relacion del dicho 160 leguas de la ciudad de Mendoza, 140 de la de San Juan Luis de Loyola, 190 de la de San Juan, 286 de Buenos Aires. De Chillan ciudad de la otra banda de la Cordillera, 130 leguas, y 10 de Calbuco, lugar de los Aucaes chilenos.

De manera que dichos Césares, segun esta nueva relacion, caen tierra adentro, en el centro de la serrania, distante de la costa de Magallanes lo que dichas ciudades, de la provincia de Cuyo, poco mas ó menos, segun ellas distan de la dicha costa. Por la parte del norte, donde está Mendoza, circunda á dichos Césares una laguna de muchas leguas, la que les sirve de fortificacion y muro contra las invasiones de los indios caribes, como son los Puelches, Muyuluques y otras naciones. Con algunas tienen contratadas embarcaciones, cambiando á los indios mieses, trigos, legumbres y ropas, por vacas que pasan embarcadas por la laguna. No tienen otro metal que el de la plata, de que gozan en abundancia, y de él fabrican rejas de arado, cuchillos, ollas, &a.

Este hombre César salió á una nacion de indios, que llaman, *Cumas de Chiloé,* y de allí lo dirigieron á dicha ciudad. Salió á pié, que no usan caballos, como las demas naciones de indios de aquellas serranias. Entróse en la compañia de dichos, en la provincia de Chile, y hoy es coadyutor. En este mismo año de 1711, el general D. Juan de Mayorga, vecino de Mendoza, sin tener noticia de la salida de dicho César, por estar cerrada la cordillera, hizo y juntó gente en dichas tres ciudades de la provincia de Cuyo, por mandado del gobernador y Presidente de Chile, D. Juan Francisco Uztariz, y entró, por el mes de septiembre, de dicho año á descubrir dichos Césares, con una guia española que los indios habian cautivado en las vaquerias; y habiendo este tenido noticia cierta de los Césares por haberlos visto de lejos (aunque no se comunicó con ellos, porque los indios lo impedian), huido de su poder, dió estas noticias á dicho general Mayorga quien pidió licencia á su Presidente para esta entrada. Y habiendo entrado, como llevo dicho, y dado la primera batalla á los indios, en el camino (donde tomó 200 piezas de las familias de los indios, mató hasta 30 indios guerreros, y apresó algunos), se le amotinó la gente española diciendo, que los iba á entregar á la muerte, y hacerlos despojos de los bárbaros, y con esto se volvió sin efecto. Y habiendo dado tormento á un indio gandul de los apresados, para que confesase lo que sabia de los Césares, dijo que sabia eran españoles, y que así los llamaban ellos. Y por ser de esta parcialidad, que los habia visto y que siete caciques con siete parcialidades estaban esperando á dicho General y su gente mas acá de las sierras, para matarle con todos los suyos, debajo de palabra de amistad.

Hasta aquí dicho papel, que, como dije, me dió el secretario Rillo, y que parece sea de letra del célebre Padre Lezana. Pero sea de quien se fuere, lo cierto es, que, aunque no tan menudo en lo que refiere, discrepa poco en la substancia del de Villaruinas. Y que no se hallan aliado en tanto tiempo los Césares, no es prueba de que no los hay, como no lo fuera de que no habia Canárias porque no se hubiesen descubierto hasta los años de 1200; ni que no habia indias, el no haberse descubierto hasta los tiempos de Fernando el Catolico; ni que no habia batuecos, el no haberse descubierto hasta el reynado de Felipe II, y esto estando en el riñon de España. Con todo eso, yo no lo creo, y solo envié dicho papel, como antes dije, á Vuestra Señoria Reverendísima, para que se entretuviese en el viage, para lo cual cualquier patraña sirve; pero esta no deja de tener su apariencia de verdad.

PEDRO LOZANO.

DERROTERO

DESDE LA CIUDAD DE BUENOS AIRES HASTA LA DE LOS CÉSARES, QUE POR OTRO NOMBRE LLAMAN LA CIUDAD ENCANTADA, POR EL P. TOMAS FALKNER[14], JESUITA. (1760.)

Llegando á la ciudad de la Santísima Trinidad, puerto de Santa Maria de Buenos Aires, y provincia del Rio de la Plata, se saldrá de ella, y se caminará por el camino abierto que hay de las carreteras que es el que traginan los de Buenos Aires á la sierra del Tandil. Hay de esta sierra en adelante indios que llaman Pampas: es un gentio que corre todas las campañas, los cuales suelen hacer algunas hostilidades en las gentes que salen á los campos á vaquear, y hacer faenas de sebo y grasa.

Distante de esta sierra, como cosa de 80 leguas, tirando para el poniente, se hallará otra sierra que llaman Guamini, que está por un lado distante del mar cosa de dos leguas: tiene esta sierra por la parte del norte una laguna de aguas permanentes muy grande, llamada *Guamini*, de donde toma el nombre la misma sierra. Pampas, de diferentes naciones, y solamente en el tiempo de cosecha de la algarroba, para hacer sus paces unos con otros, poniendo sus ranchos al rededor de la laguna, para entrar con tiempo al monte, que dista de allí como cosa de cuatro leguas poco mas; en cuyo monte hay mucha cantidad de algarroba, de donde se proveen para su

---

14 **Tomás Falkner** (1707-1784), médico y marino británico, nacido en Manchester, se ordenó sacerdote en Córdoba (Argentina), donde ejerció su ministerio en nuestro medio por espacio de 28 años, hasta la expulsión de 1767. Como misionero y médico, recorrió las actuales provincias de Santiago del Estero, Tucumán, Córdoba, Santa Fe, Buenos Aires y la región patagónica. Hacia 1752 se trasladó a la estancia jesuítica que el Colegio de Santa Fe tenía al sur del río Carcarañá. En 1774 publicó una relación de sus viajes en *A description of Patagonia*, que se tradujo al alemán en 1775 y al francés en 1789. La primera traducción de su obra fue publicada en la Universidad de La Plata, en 1911. Dejó escritos numerosos volúmenes sobre botánica y minerales. Murió en Manchester. (Nota del Editor)

mantenimiento, y para hacer la chicha para todo el año, que es la bebida usual que ellos estilan.

Desde esta laguna hasta pasar á la otra parte del monte, hay de travesia, por una parte, setenta leguas, en parte mas, y en parte menos: con la advertencia de que en medio de este monte habitan otros indios llamados *Mayuluches*, y serán como cuatro ó cinco mil por todos; los cuales salen á correr las campañas, por parte del poniente; y es gente muy belicosa, doméstica y amigos de los españoles.

Saliendo de este monte, tirando siempre hácia el poniente, se pasa por unas campañas dilatadas, cuya travesia es de treinta leguas, sin que se halle una gota de agua, por ser la tierra muy arenosa y estéril de todo pasto, donde apenas se encuentra tal cual árbol. Pasada dicha travesia, se halla un rio muy grande y hondo, que sale de la Cordillera grande de Chile, y vá dando vueltas, atravesando dichas campañas. Este rio es profundo, y lleno de barrancas muy ásperas en algunas partes, y por esta causa tiene sus pasos señalados, por donde se pueda vadear: que por eso es llamado rio de las *Barrancas*.

Pasado este rio, prosiguiendo por las dichas campañas estériles, siempre siguiendo el mismo rumbo, se encuentra otro rio llamado Tunuyan, distante uno de otro cincuenta leguas por algunas partes. Entre estos dos rios habitan otros indios llamados Picunches; son en gran número, los mas bravos que hay en todas las campañas, y no se extienden á mas que entre los dos rios.

Saliendo de este rio, y siguiendo siempre el rumbo del poniente, se entra por una campaña llena de médanos muy fragosos y ásperos, tierra muy seca y estéril. Caminando por entre los médanos, como cosa de treinta leguas, se descubre, mirando al poniente, un cerro grande nevado, muy alto, en forma de columna, llamado el cerro de Payen. En dicho cerro estan los indios Chiquillanes; que son muy domésticos y familiares con los españoles, y llegarán al número de dos ó tres mil indios. Tiene este cerro grande muchos cerros colorados alrededor, los cuales son todos de metales de oro muy rico, y al pié de este cerro grande, hay otro pequeño, que es de azogue, el cual se presenta como de un cristal muy fino.

Desde este cerro grande se dirige el rumbo al sur, y á cosa de cinco leguas se encuentra un rio, llamado el Rio Diamante; dicho así porque nace de un cerro negro, pasado de plata; y con muchos diamantes. Mas adelante de este cerro, como cosa de cinco leguas, se encuentra otro rio, llamado de San Pedro. Entre estos dos rios, esto es, entre el Diamante y el de San Pedro, habitan unos indios llamados Diamantinos, gente de que los mas de ellos son cristianos, que se huyeron de los pueblos españoles, por las violencias de los encomenderos. Son estos indios muy labradores, y seran en número de 400. Este rio de San Pedro es muy temido de toda clase de

GRABADOS DE JOHN BYRON DONDE SE MUESTRA A GIGANTES PATAGÓNICOS.

indios, por lo fragoso que es, y porque solo tiene unos pocos pasos, por cuanto lo mas del año está crecido.

Prosiguiendo siempre el mismo rumbo hácia el sur, á distancia de cuatro leguas, se encuentra otro riachuelo, que llaman Estero: –llámase tambien el riachuelo de los Ciegos, por haber habitado allí en tiempos antiguos unos indios que se cegaron de resultas de un temporal grande que huvo de nieve. En este riachuelo ó estero habitan una multitud de indios, que llaman Peguenches, cuyas armas son lanzas y alfanjes, que usan tambien todos los demas. Estos indios Peguenches corren hasta la Cordillera Nevada, por la parte del poniente, y por la parte del sur comercian con los Césares ó españoles.

Caminando siempre por el mismo rumbo, cosa de treinta leguas mas ó menos, se encuentran otros indios, llamados Puelches. Estos indios son muy altos y corpulentos, y tiene los ojos muy pequeños: son tan pocos, que no llegan á seiscientos, y son tambien muy parciales y amigos de los españoles, con quienes desean tener siempre trato. Esta gente está á la boca de un valle muy grande, de donde sale un rio muy caudaloso, llamado el Rio Hondo, el cual es criadero. Dicho Rio Hondo nace de la falda de unos cerros colorados muy ricos, pasados en oro, y mucho cobre campanil, que es la madre de dicho oro en grano. Estos indios tienen su Cura ó Párroco, el cual depende del Obispo de Chile, siendo los mas de ellos cristianos.

Prosiguiendo siempre el propio rumbo del sur, se encuentra, como á distancia de tres leguas, otro rio que llaman Rio del Azufre, por tenerlo en abundancia; y este rio, nace de la raiz de un volcan. Caminando el mismo rumbo, como cosa de treinta leguas, ó algo mas, se encuentra otro rio grande, muy ancho, y muy apacible en sus corrientes; y este rio nace en la cordillera de un valle grande espacioso, y muy alegre, en donde estan y habitan los indios Césares. Es una gente muy crecida y agigantada, tanto, que por el tamaño del cuerpo no pueden andar á caballo sino á pié. Estos indios son los verdaderos Césares, que los que vulgarmente llaman así, no son sino españoles, que anduvieron perdidos en aquella costa, y que habitan junto al rio que sale del valle, en las inmediaciones de los indios Césares; y por la cercania que tienen á esta nacion, les dan vulgarmente el mismo nombre, no porque en la realidad lo sean. Estos indios Césares es gente mansa y apacible: las armas que usan son flechas grandes, ó arpones, con que se guarecen y matan la caza, que son los guanacos que hay en abundantes en aquellas tierras. Tambien usan estos indios de la honda con que tiran una piedra con gran violencia; y estos indios son los que trabajan en los metales de plomo romo, y lo funden á fuego; y el modo que tienen de fundir así los metales como el plomo, es diferente del nuestro, porque nosotros los españoles lo fundimos en hornillos, y ellos lo funden en otra fábrica que llaman *guayras*.

En el dicho valle grande y espacioso, donde habitan estos indios Césares, hay un cerro grande muy alto y derecho, y al pié de este cerro, se encuentra un cerrillo nego muy relumbrante, que parece tener metal de plata, y es de piedra iman muy fina, y hay piedras del tamaño de tres cuartas; y si se buscase, se hallarian mas grandes; que es cosa de admiracion. Estos indios no trabajan sino en este metal, por ser suave y blando, y no explotan los otros metales ricos de plata, y por esta causa no hacen aprecio de metales mas ricos, aunque hay muchísimos.

Saliendo de adentro del dicho valle, por la orilla del rio grande, como cosa de 6 leguas abajo, se halla el paso, ó portezuela por donde llegan los españoles que habitan de la otra parte del rio, con sus embarcaciones pequeñas, que no tienen otras; y como cosa de tres leguas mas abajo, se halla el paso por donde vadean los de á caballo, por el tiempo de cuaresma, como tengo referido, por estar lo mas del año muy crecido el dicho rio.

Descripcion de la ciudad de los Españoles.

Esta ciudad, que llaman la *Ciudad Encantada*, está en la otra parte de dicho rio grande que he referido, poblada en un llano, y fabricada mas á lo largo que en cuadro, casi en la misma planta que la de Buenos Aires. Tiene esta ciudad muy hermosos edificios de templos, y casas de piedra labrada, y bien tajadas al uso de nuestra España. En las mas de ellas tienen los españoles indios cristianos para la asistencia de sus casas y haciendas, á quienes los propios españoles, con su educacion han reducido á nuestra Sta. Fe Católica. Tiene dicha ciudad, por la parte del poniente y del norte, la Cordillera Nevada, en la cual han abierto dichos españoles muchísimos minerales de oro y de cobre, y estan continuamente explotando dichos metales.

Tambien tiene esta ciudad, por la parte del sur hasta el oriente, dilatadas campañas, donde tienen los vecinos y habitadores sus estancias de ganados mayores y menores, que son muchísimos; y heredades para su recreo, con mucha abundancia de todo género de granos y hortalizas: adornadas dichas heredades, con sus alamedas de diferentes árboles frutales, que cada una de ellas es un paraíso. Solo carecen de viñas y olivares, por no tener sarmiento para plantarlos.

Tambien tienen por la parte del sur los habitadores de esta ciudad, cosa de dos leguas poco mas, la mar vecina, de donde se proveen de rico pescado y mariscos para el mantenimiento de todo el invierno.

Y finalmente, por no ser molesto en esta descripcion, digo que es el mejor temperamento, y mas benévolo que se halla en toda la América, porque parece un segundo paraíso terrenal, segun la abundancia de sus arboledas, ya de cipreses, cedros, pinos de dos géneros; ya de naranjos, robles y palmas, y abundancia de diferentes frutas muy sabrosas: y esta tierra tan sana que la gente muere de puro vieja, y no de enfermedades, porque el clima de aquella tierra no consiente achaque ninguno, por ser la tierra muy fresca, por la vecindad que tiene de las sierras nevadas. Solo falta gente española para poblarla, y desentrañar tanta riqueza, que está oculta en aquel país; por lo que ninguno se admire de cuantos á sus manos llegase este manifiesto, porque todo lo que aquí va referido, no es ponderacion, ni exageracion alguna, sino la pura verdad de lo que hay y es, como que yo mismo lo he andado, lo he visto y tocado por mis manos. Tiene de jurisdiccion dicha ciudad 260 leguas, mas que menos &a.

RELACION

DE LAS NOTICIAS ADQUIRIDAS SOBRE UNA CIUDAD GRANDE DE ESPAÑOLES, QUE HAY ENTRE LOS INDIOS, AL SUD DE VALDIVIA, É INCOGNITA HASTA EL PRESENTE, POR EL CAPITAN D. IGNACIO PINUER. (1774.)

Habiendo, desde mis primeros años, girado el poco comercio que ofrecen los indios comarcanos, y las jurisdicciones de esta plaza, me fuí internando, y haciendo capaz de los caminos y territorios de los indios, y especialmente de sus efectos, como es constante á todos los de esta plaza. Con este motivo tenia con ellos conversaciones públicas y secretas, confiándome sus mas recónditos secretos, y contándome sus mas antiguos monumentos y hechos inmemoriales. Mas entre las varias cosas ocultas que me fiaban, procuré adquirir noticias, que ya, como sueño ó imaginadas, oia en esta entre mis mayores; y haciéndome como que de cierto lo sabia, procuraba introducirme en todas, para lograr lo que deseaba. Tuve la suerte muchas ocasiones, que los sujetos de mayor posicion entre ellos, me revelasen un punto tan guardado y encargado de todos sus ascendientes; porque aseguraban que de él pendia la conservacion de su libertad.

Esta es la existencia de una ciudad grande de españoles: mas no satisfecho con solo lo que estos me dicen, seguia el empeño de indagar la verdad. Para ello cotejaba el dicho de los unos con los informes de los otros, y hallándolos iguales, se me aumentaba el deseo de saber á punto fijo el estado de aquella ciudad ó reino (como ellos lo nombran), y tomé el medio de contarles lo mismo que ellos sabian, fingiéndoles que aquellas noticias las tenia yo y todos los españoles por la ciudad de Buenos Aires, comunicadas por los indios Pampas, picados de haber tenido una sangrienta guerra con los mismos Guilliches. Pero que los de Valdivia nos desentendíamos de ellas, temiendo que el Rey intentase sacar aquellos rebeldes, en cuyo caso experimentaríamos las incomodidades que acarrea una guerra. Con oir estas y otras expresiones, ya me aseguraban la existencia de los *Aucahuincas* (así los nominan), el modo y trato de ellos: bien que siempre les causaba novedad, como los Peguenches, siendo tan acérrimos enemigos de los españoles, diesen una noticia tan encargada entre ellos para el sigilo; y esto dorado con algunas razones, producidas en lo inculto de sus ingenios: á lo que regularmente les contestaba que de un enemigo vil mayores cosas se podian esperar, aunque no era de las menores el tratarlos de traidores, y de que como ladrones tenian sitiados y ocultos hasta entonces aquellos españoles, privando á su Rey de aquel vasto dominio.

Este es el arte con que los he desentrañado, y asegurándome de las exquisitas noticias que pueden desearse para la mayor empresa, sin que por medio de gratificacion, ni embriaguez, ya medio rematados, ni otro alguno, jamás lograse de ellos cosa á mi intento, antes sí una gran cautela en todas las conferencias que sobre el particular tenia con ellos, cuidaba de encargarles el secreto que les convenia guardar, pues sus antepasados, como hombres de experiencia y capacidad, sabian bien los motivos de conservarlo. Y si sucedia, como acaeció muchas veces, llevar en mi compañia alguno ó algunos españoles, me separaba de ellos para hablar de estos asuntos, procurando salir al campo, ó á un rincon de la casa con el indio, á quien le prevenia que callase, si llegaba algun compañero mio, pues no convenia fiar á todos aquel asunto, porque como no eran prácticos en los ritos de la tierra, saldrian hablando y alborotando.

Este régimen y la cautela de no mostrar deseos de saber, sino solo hablar como por pasatiempo de lo que ambos sabíamos, he usado con indios sobre treinta años, teniendo la ventaja de hablar su natural lengua, por cuyo motivo ejerzo hoy por este gobierno (despues de otros empleos militares), el de lengua general de esta plaza, en donde á todos les consta la estimacion que hacen de mi aquellos naturales. Así adquirí las evidentes noticias que expongo al Monarca, ó á quien hace su inmediata persona, diciendo: –

Que en aquel general alzamiento, en que fueron, (segun antiguas noticias), perdidas ó desoladas siete ciudades, la de Osorno, una de las mas principales y famosas de aquellos tiempos, no fué jamás, rendida por los indios, porque aunque es cierto, que la noche en que fueron atacadas todas, segun estaba dispuesto, le acometieron innumerables indios con ferocidad, hallaron mucha resistencia en aquellos valerosos españoles, que llevaron el prémio de su atrevida osadia, quedando bastantes muertos en el ataque, con poca pérdida de los nuestros. Pero sin embargo determinaron los indios sitiar la ciudad, robando cuanto ganado habia en los contornos de ella, y frecuentando sus asaltos, en los que siempre quedaron con la peor parte. Pero, pasados seis ó mas meses, consiguieron por medio de la hambre ponerlos en la última necesidad; tanto que por no rendirse, llega-

RETRATO DE INDÍGENA PATAGÓNICO. DIBUJO DE RUGENDAS.

ron á comerse unos á otros; y noticiosos los indios de este aprieto, los contemplaron caidos de ánimo, por lo que resolvieron atacarlos con la ayuda de los que acababan de llegar victoriosos de esta plaza; y en efecto hicieron el último esfuerzo, envistiéndola con tanta fiereza que fué asombro.

Pero el valor de los españoles, con el auxilio de Dios, logró vencerlos, matando cuantos osaron subir por los muros, donde pelearon las mujeres con igual nobleza de ánimo que los hombres; y aunque vencidos los indios, siempre permanecieron á la vista de la ciudad, juzgando que precisamente los habia de rendir el hambre, como tan cruel enemigo.

Pero los españoles, cada vez con mas espíritu, se abastecieron de cadáveres de indios, y reforzados con aquella carne humana, y desesperados ya de otros recursos, determinaron abandonar la ciudad, y ganar una península fuerte por naturaleza que distaba pocas leguas al sur, (cuyo número fijo no he podido averiguar, pero sé que son pocas) en donde tenian sus haciendas varias personas de la misma Osorno, de muchas vacas, carneros, granos, &a. Salieron con sus familias, y lo mas precioso que pudieron cargar; con las armas en las manos marcharon, defendiéndose de sus enemigos, y sin mayor daño llegaron á la península, la que procuraron reforzarla, y despues de algunos dias de descanso, hicieron una salida, y vengaron en los enemigos su agravio, pues dejaron el campo cubierto de cadáveres, volviendo á la isla no solo con porcion de ganado, sino con cuanto los indios poseian, y continuaron fortaleciéndola.

Consta la magnitud de esta península, segun la explicacion de los indios, como de treinta leguas de longitud y seis á ocho de latitud. Su situacion está en una hermosa laguna, que tiene su principio del volcan de Osorno, y á quien igualmente dá agua otro volcan, que llaman de Guancqué; pues aunque este está distante del otro, por el pié de la Cordillera se desata en un rio pequeño que camina hácia el sur, y se incorpora en esta laguna, con cuyo socorro se hace formidable. Ella está al pié de la Cordillera, y dista del volcan de Osorno siete á ocho leguas poco mas ó poco menos; y es madre del Rio Bueno. Es tan grande, que ninguno de los indios dá noticia de su término; es profunda, y muy abundante de peces: en ella tienen los españoles muchas canoas para el ejercicio de la pesca, y para la comunicacion de tres islas mas pequeñas, que hay en medio de dicha laguna ó mar, como los indios le llaman. Esta no abraza el contorno de la isla, si solo la mayor parte de ella, sirviéndole de total muro, un lodazal tan grande y profundo, de tal manera que un perro (como los indios se explican) que intenta pasarlo, no es capaz de desprenderse de él.

Tampoco este lodazal hace total círculo á la isla; pues por el principal extremo, que es al norte, hay de tierra firme entre la laguna y el pantano hasta veinte y mas cuadras (segun dicen los indios), y es la entrada de esta grande poblacion ó ciudad, siendo la parte por donde se halla fortificado de un profundo foso de agua, y de un antemural rebellin; y últimamente de una muralla de piedra, pero baja. El foso tiene puente levadizo entre uno y otro muro: grande y fuertes puertas; y un baluarte, en donde hacen sentinela los soldados. Según los indios, el puente se levanta todas las noches.

Las armas que usan son, lanzas, espadas y puñales, pero no he podido averiguar si son de fierro. Para defensa de la ciudad tienen artilleria, lo que se sabe fijamente, porque á tiempos del año la disparan: no tienen fusiles, para su personal defensa usan coletos. Tambien usan otras armas, que los indios llaman laques, y son dos piedras amarradas cada una en el extremo de un látigo, en cuyo manejo son diestrísimos, y por esto muy temidos de los indios.

La forma ó construccion que tiene la ciudad no he podido indagarlo, porque dicen los indios, que nunca les permiten entrar, pero que las mas de las casas son de pared y teja, las que se ven de afuera por su magnitud y grandeza.

Ignoro igualmente el comercio interior, y si usan de moneda ó no; pero para el menaje y adorno de sus casas, acostumbran plata labrada en abundancia. No tienen añil, ni abalorios, por cuyo motivo dicen los indios que son pobres. Hacen tambien el comercio de ganados de que tienen grandísimas tropas fuera de la isla, al cuidado de mayordomos, y aun de los mismos indios. Ponderando estos la grandeza de que usan, dicen que solo se sientan en sus casas en asientos de oro y plata (expresion de los españoles que salen fuera). Tambien han tenido comercio de sal, esto es, hasta ahora poco la han comprado á los Peguenches, que por aquella parte á menudo pasan la Cordillera, y son muy amigos de estos; como así mismo lo han tenido con los indios nuestros, que llamamos Guilliches, pero ya les ha dado Dios con abundancia un cerro, y proveen á sus indios comarcanos.

Segun exponen los indios, usan sombrero, chupa larga, camisa, calzones bombachos, y zapatos muy grandes. Los que andan entre los indios regularmente estan vestidos de coletos, y siempre traen armas.

Los indios no saben si usan capa, porque solo los ven fuera del muro á caballo; se visten de varios colores; son blancos, barba carrada, y por lo comun de estatura mas que regular.

Por lo que respecta al número de ellos claro está es muy difícil saberlo, aun estando dentro de la ciudad: no por eso dejé de preguntar repetidas veces á varios indios, los que respondieron, considerase si serian muchos, cuando eran *inmortales*, pues en aquella tierra no morian los españoles.

Con este motivo me informaron de que no cabiendo ya en la isla el mucho gentio, se habian pasado muchas familias, de algunos años á esta parte, al otro lado de la laguna, esto es, al este, donde han formado otra nueva ciudad. Está á las orillas de la misma laguna, frente de la capital; sírvele de muro por un lado la laguna, y por el otro está rodeada de un gran foso, ignoro si es de agua, con su rebellin, y puerta fuerte, y puente levadizo como la otra. La comunicacion de las dos está por mar, por lo que tienen abundancia de embarcaciones. Tambien tienen artilleria, y el que en esta manda, está sugeto al Rey de la capital. Nada puedo decir con respecto al órden interior de gobierno de aquel Rey de la capital; pero sé por varias expresiones de los indios, que es muy tirano: lo que confirma la noticia siguiente.

Habiendo salido de Chiloé un chilote en el mes de Octubre de 1773 (no sé con que destino) llegó á avistar la principal ciudad de aquellos españoles, pasando por medio de los indios, suplicándoles tuviesen caridad de él, pues se veia allí sin saber á donde. Al llegar la noche tocó las puertas de la ciudad (siempre las tienen cerradas) asomóse un soldado, y haciéndole las regulares preguntas, de quien vive, &a. respondió era chilote, y que allí habia llegado perdido, y que se hallaba sin saber qué tierra era aquella. A lo que en lengua de indio respondió el soldado, se admiraba de que los indios le hubiesen dejado pasar vivo, pero ya que logró esa dicha se retirase prontamente antes que algun otro le viese, (á todos se prohibia llegar allí) ó el ser viese precisado á dar parte á su Rey, quien si lo supiera (así lo relató el chilote á los indios) mandaria buscarlo por cuantos caminos habia para quitarle la vida, pues era hombre muy tirano, y que con su gobierno ambicioso tenia á la plebe en la mayor consternacion, y esta es voz comun de los indios.

Volviendo al chilote que escapó del rigor de aquel tirano, y ya entre los indios, algunos de ellos se ofrecieron á acompañarle, pero en la primera montaña, le quitaron la vida; cuya noticia se me trajo por indios de mucha verdad del fuerte de San Fernando, á orillas del Rio Bueno, luego que sucedió; y esto tiene á los indios llenos de temor.

Este suceso del chilote ha dado motivo entre aquellos españoles (persuádome es la plebe) para el empeño de poner señales en el cerro, que llaman de los Cochinos, que es donde se divisa la ciudad principal y laguna, único y mas inmediato para llegar á aquella tierra como lo expondré.

En este sitio acaece, en lo que no hay duda, que los españoles ponen una espada con zapatos; los indios la quitan, y ponen un machete. Los españoles ponen una cruz; vienen los indios quitan la cruz, y ponen una lanza, toda de palo. Los españoles ponen redondas piedras como balas, y despues de estas amenazas de unos y otros, estan constantemente hallando los indios en aquel propio sitio del cerro, varios papeles, ó cartas puestas en una estaca, cosa que tiene á los indios consternados, pues ni se atreven á quitarlos, ni se apartan de allí, manteniéndose en continua vigilancia, temerosos que algun papel de éstos salga entre ellos, y dé en manos de nosotros. Esta noticia y la del chilote, se han divulgado por toda la tierra adentro, y, como digo, se hallan cuidadosos.

Para mas asegurarse de nosotros, aquel Rey tiene trato anualmente con los indios de su jurisdiccion que son muchos, y para explicar su crecido numero dicen estos que parecen llovidos, aunque no muy valientes, á quienes tiene tan gratos, por estar precisamente á sus órdenes. Tiene cacique al modo nuestro, y uno superior entre ellos con quien tiene mas estrecha amistad. Con estos hace sus juntas, convocando tambien á los Peguenches, con quien conserva gran familiaridad; y así suelen hallarse multitud de vocales en las juntas que hace. El punto de que con mayor esfuerzo se trata con todos aquellos indios, es sobre que no permitan llegar a ninguno de afuera por los caminos que tenemos para allá, ni por la Cordillera inmediata á ellos, y que si alguno lo intentase, que lo maten, sin la menor conmiseracion. Lo que hace creer se hallan contentos en su retiro aquellos españoles, supongo serán los superiores, y que aquellos signos de papeles, &a. serán de la plebe, que, oprimida, desea sacudir el yugo.

Sin embargo, cuando por órden de Nuestro Exmo. Señor Virey, D. Manuel de Amat[15], Capitan General entonces de este reyno de Chile, se emprendio aquella famosa salida para los llanos, que fué terror de los indios, sé de cierto, por varios de estos que me lo aseguraron, fué público en esta plaza, que estando disponiendose los nuestros para ella, llegó la noticia á aquellos españoles, con la que ordenaron salir á encontrarse con nosotros, no sé con que fin. Estando en estas disposiciones, llegó nuestro campo á orillas de Rio Bueno, en donde la noche de su llegada tuvo aquel tan notorio ataque, que habiendo oido los españoles de la laguna en el silencio de la noche, á la inmediacion de la ciudad, los tiros de los pedreros y esmeriles, salieron á los dos ó tres dias con 300 hombres, segun los indios se explican y tiraron derecho para Rio Bueno.

Al segundo dia de su marcha supieron la retirada de los nuestros por los mismos indios, pero con todo no desistieron del empeño de caminar; en cuya vista los indios aquella noche hicieron su consejo, y resolvieron atacarlos á la mañana, y si posible fuese acabarlos: con efecto presentaron la batalla en la que pelearon unos y otros con grande valor, y que duró algunas horas, pues disputaban con iguales armas: murieron un sin número de indios y bastantes españoles, pero quedó el campo por estos, aunque con la muerte de su esforzado capitan. La noticia de esta pelea procuraron obscurecerla, encomendando con pena de la vida su sigilo, para que no llegára á nosotros.

El camino de menos rios, aunque mas dilatado, para aquellas dos ciudades, es el que llamamos de los Llanos, por donde marchó nuestra tropa hasta el Rio Bueno. Este camino consta de una montaña como de catorce leguas de largo, principia en el rio de Anquechilla, en donde tenemos nuestra continua sentinela para los indios, y termina en Guequeciona: de ahí hasta el Rio Bueno no se ofrece montaña ni loma, y sí arroyos pequeños. De Anquechilla al Rio Bueno, se regulan seis dias de camino. Este rio es ancho, profundo y sin corriente: de ahí para la ciudad de los españoles es todo llano, hasta llegar al cerro ya dicho de los Cochinos. Este es un bajo, en el que hay muchos cochinos alzados, de los que se aprovechan los

---

15 **Manuel de Amat y Junyent** (1704-1782), militar y político español, virrey del Perú (1761-1776). (Nota del Editor)

españoles, y tambien los indios. Al pié de este cerro, por la banda de la ciudad, hay dos riachuelos, ambos de vado; el primero llamado Yoyelque, y el segundo Daulluco: este es el mas cercano á la ciudad, que dista como cuatro leguas, tomando el camino de un pedregal grande, siempre á orillas de la laguna, hasta llegar á la primera fortaleza de foso.

El segundo camino es el que llamamos de Guinchilca, ó Ranco: este es mas derecho, pero de muchos rios y arroyos, pues saliendo de la plaza hay el Guaquelque, ó Cuicuitelfu, Collitelfu, Guinchilca (se pasan cuatro veces, pero todos son de vado) y Rio Bueno. saliendo de Valdivia, hay como veinte leguas de montañas, y termina esta en Guinchilca, en la que hay tres rios de los dichos. El camino de la dicha montaña es ancho y llano, con algunos malos pasos, fáciles de componer. Lo mas fragoso de él se puede andar por el rio, hasta un lugar de indios, llamado Calle-calle. Antes de llegar al Rio Bueno se ofrece una montaña baja, poco espesa, y de pocas leguas, al fin de la cual se dá con el Rio Bueno. de ahí á poca distancia, siguiendo el camino de los españoles hasta el fuerte de Osorno, caminando al sur, de allí al este, cosa de una jornada, está la ciudad de Osorno, pero en seguida de dicho fuerte al sur, á muy corto trecho, se dá con la gran laguna de Ranco que es el asilo de los españoles, y sigue á orillas de ella por el pedregal. Este camino es de carretas, y no hay la pension de trepar cerro alguno, desde Guinchilca á la ciudad: por él se manejaban antiguamente los de Osorno. En la distancia que hay de Guinchilca á aquel pueblo, se presentan varias ruinas de fuertes pequeños, que segun la tradicion de los indios eran escala ó jornadas, que hacian los que de esta plaza iban á aquella ciudad.

Esta es toda la serie de noticias, que de aquella incognita ciudad he adquirido, á costa de incesantes trabajos, de cuya existencia no me queda duda, y en todo tiempo me obligo á mostrar el camino, ó caminos que conducen á ella: lo que aseguro por Dios Nuestro Señor, y esta señal de la cruz, y mi palabra de honor. Y para mayor prueba de la verdad, expongo á continuacion los principales sugetos ó caciques, despues de otros muchos de menos suposicion, que me han asegurado, con algunas noticias mas que pongo, dadas por varios que no cito, concordando unos con otros en el modo de decir y explicar lo que de aquella ciudad saben.

El cacique Mariman me aseguró haber divisado la ciudad desde el cerro de los Cochinos, que se halla en la laguna de Ranco, y que sabia eran los españoles de Osorno, que nunca fueron vencidos, que son muchos, y muy valientes. Sabe que por falta de víveres desampararon su tierra, despues de haber comido gente muerta, y ganaron aquella isla, en donde encontraron mucho ganado y grano de las haciendas que allí tenian varios españoles acaudalados de la misma Osorno: que la causa de guardar tanto sigilo era porque no los tuviésemos tributarios como en los tiempos antiguos: que estan inmediatos á la Cordillera. Que la ciudad desierta está próxima á los españoles, y aun se mantiene murada, que solo han caído las puertas, y de las torres las medias naranjas; que hay otro fuerte de la citada ciudad, mirado con pocas ruinas. Hasta hoy es una isla que hace la misma gran laguna de Ranco al principio de ella, de donde no divisan la poblacion de españoles. Que este fuerte nadie lo habitaba: las armas que usan eran espadas y lanzas: que tienen artilleria, porque hacen á tiempos las descargas.

Dos indios de las cercanias de aquellos españoles me exponen igualmente, añadiendo tienen amistad con los indios inmediatos, con quienes hacen sus juntas.

Por el indio Quaiquil supo igualmente, y añadió los habia visto: eran corpulentos, blancos y rubios; que la entrada en la isla es por una garganta corta de tierra, que tiene un foso, muralla, puente levadizo, y muchas embarcaciones: que usan espada y lanza, tienen artilleria, lienzos y plata, y mucho ganado mayor y menor. Según comprendí, su vestuario es musgo, y á lo antiguo; que cuando la funcion de los Llanos, habian salido á encontrarse con nosotros, pero que los indios les dieron guerra y que se mandó guardar secreto con pena de la vida.

El cacique Carriblanca, al año de la funcion de los Llanos, habiendo yo pasado á su tierra, se valió de mí para que le consiguiese la entrada en esta plaza (estaba privado á los de su jurisdiccion), para comunicar al Sr. Gobernador ciertos asuntos; y haciéndole cargo del motivo que tenia para no dar paso á la ciudad de los españoles alzados, y porque guardaba secreto en una cosa tan sabida, me respondió, que desde sus antepasados tenia obligacion de guardar sigilo, y de negar el camino como dueño de él. Pero que si ya lo habian declarado otros, mal podia negarlo él, y me dió las mismas señas que los otros, añadiendo que del Rio Bueno á los españoles hay dia y medio de camino; y que le dijese á mi Gobernador que en el caso de querer reconocerlos, no fuesen tan pocos como el año antecedente, sino que pasase de mil hombres la tropa, pues eran muchos los indios que habia. Todo lo que hice presente al Gobernador D. Tomas Carminate, quien respondió que nada creia de aquello, y que el comisario le decia no convenia viniese á Valdivia dicho cacique; y con mi respuesta que esperaba, dejó de venir.

En el mismo mes, conversando con Pascual, cacique del otro lado del Rio Bueno, delante de Tomas Silva, vecino de esta plaza, me dió las mismas señas que los anteriores; y expuso que cerca de su casa hay un cerro bajo ó loma, de donde no solo se divisa la ciudad, sino hasta la ropa blanca que lavan, y bajado este cerro, habrá cuatro leguas de distancia por el pedregal ó orilla de la laguna.

El mismo Pascual, á mediados de este año de 1773, hablando con Gregorio Solis, vecino de esta plaza, le contó la serie de señales que he dicho, mostrandole desde su casa el sitio donde las ponen, y añadió, como que le consultaba, ¿qué prémio le pareceria que le daria nuestro Rey, en el caso de descubrir el camino de la ciudad? Que ya consideraba lo harian rico, y capitan de sus tierras, pero que aquello era conversacion. Este Solis era hombre de verdad, y muy conocido entre ellos.

El capitanejo Necultripay me comunicó haber estado en varias ocasiones á lo de estos españoles, acompañado de los indios inmediatos á los dichos. Le supliqué me llevase una carta, y me respondió no podia, por los motivos de brugeria, que ya dije; y tambien por ser costumbre entre ellos ir acompañados entre aquellos indios, los que si lo entendieran, le quitarian la vida. Pero que si el Gobernador resolvia reconocerlos, iria de guia, y en su defecto á nadie se lo dijese, que él se ofrecia, porque perderia la vida. Noticia que expuse á D. Felix Berroeta, Gobernador de esta, quien la agradeció mucho, y me encargó continuase con toda eficacia la correspondencia con estos indios, ofreciéndome para el fin del descubrimiento, si era necesario, todo su caudal. Pero con su muerte se frustraron nuestras ideas.

Después de algun tiempo la misma noticia expuse á D. Juan Gartan Gobernador de esta, quien sin examinar las circunstancias, me dijo que todo lo tenia por fábula. En cuanto á las armas, situacion, caudales y vestimenta, coinciden las señales del capitanejo con las precedentes. A los pocos dias me vi con el hijo del citado capitanejo, que me expuso lo mismo que su padre, sin haber estado presente cuando su declaracion.

Contra, indio de respeto entre ellos, me declaró igualmente que los antecedentes, y que no los ha tratado, mas sabe que hay mucha gente, y de valor, que nunca los han vencido, y sabe son los de Osorno.

Cumilaf, él del otro lado del Rio Bueno, me aseguró vivia inmediato á los españoles de la laguna, que son acaudalados de plata y ganado; pero pobres en fierro y añil, y que tampoco tiene abalorios, dando las propias señas en situacion, armas y caminos.

Guisieyau, expone lo mismo, y añade ha estado dos veces en aquella ciudad: la una vez entró á comprarles agí con los indios inmediatos, y me mostró un caballo que habia vendido por un sable, y la marca que tenia está en cifra.

Amotripay y sus hijos lo mismo declararon, sin temor alguno: son indios de respeto entre ellos; viven de la otra parte del Rio Bueno.

Lancopaguy, lo mismo, y muy por menor de la situacion, armas caudales y caminos.

Gedacoy, igualmente, añadiendo era mejor camino el de Ranco por ser mas llano, aunque de mas rios, y todos convienen en esto. Tambien me dijo que la causa de no dar paso los indios por aquel camino, ni admitir conchabados es, porque no vean las ciudades, y tengan noticia por allí de aquellos españoles.

Calfuy dá noticia hasta del nombre de los caciques, amigos de los españoles.

Rupayan dá cuenta de la situacion, armas, caudales, y de haber encontrado sal.

Artillanca manifiesta lo mismo.

Antipan se esplaya mas sobre las circunstancias de la laguna y fortaleza de la primera ciudad, y situacion de la segunda, y las islas que hay dentro de la laguna.

Paqui dice que sabe estan los españoles en aquella isla, y dá muchos detalles, los que concuerdan con las exposiciones precedentes.

Todos los citados son entre ellos personas de suposicion, para formar total concepto de la verdad que expresan, especialmente combinandose sus declaraciones, como tambien las de otros indios pobres, y de poca autoridad. Y para que en todo tiempo conste esta informacion de la incognita ciudad de Osorno, además del juramento que tengo hecho, me sugeto á la pena que se me quiera imponer, en el caso de no ser cierta la existencia de estos españoles, en el lugar que nomino. Y por ser así, lo firmo en la plaza de Valdivia á tres dias del mes de Enero de 1774.

IGNACIO PINUER.

COPIA

De la carta escrita por D. Agustin de Jauregui[16], Presidente de Chile, al Exmo. Sr. Virey del Perú.

Exmo. Señor.–

D. Ignacio Pinuer, capitan graduado, y lengua general de la plaza y ciudad de Valdivia, me remitió una relacion jurada y circunstanciada de las noticias que tenia de personas que en ella cita, de existir, á la orilla de la laguna Ranco, madre del Rio Bueno, distante poco mas ó menos de cuarenta leguas de aquella plaza, y tres ó cuatro de la antigua desolada ciudad de Osorno, hácia el sur, dos poblaciones de españoles, cuyos causantes insinúa haber sido originados de la expresada ciudad, y que en el alzamiento general del siglo pasado en que destruyeron los indios siete ciudades, se mantuvo esta sitiada mucho tiempo de los bárbaros; pero que al fin consiguieron salir libres, y ocultarse en aquellas inmediaciones en donde se situaron, aprovechándose de las proporciones que ofrece el parage en que se halla, resguardados de la misma laguna, y de un lodazal impenetrable; sin quedar mas que un estrecho camino que sirve de entrada y salida ,de muy facil defensa; á que han añadido fosos, y rebellines con puente levadizo, libres por esta industria de ser invadidos por infieles comarcanos, sobre quienes parece que en la actualidad tienen adquirido dominio y subordinacion, concurriendo á las juntas á que los citan con la obligacion de guardar secreto de su permanencia en aquel oculto destino: que tienen murallas y casas de juncos, alguna artilleria y buenas armas.

Inmediatamente libré providencia, para que el gobernador de aquella plaza hiciese con toda cautela y reserva informacion de los hechos expuestos,

---

16 **Agustín Jáuregui** (1711-1784). Español de nacimiento, sirvió en los distintos destinos militares de Honduras, Puerto Rico y La Habana. En 1772, cuando residía en España, fue nombrado gobernador de Chile por Carlos III. Luego fue virrey del Perú desde 1780 hasta su muerte. (Nota del Editor)

examinando con la solemnidad del juramento al autor de las noticias referidas, y á los demas que expresaban ser sabedores de ellas. Y supuesto su allanamiento de acreditar la verdad por los medios que proponia, que lo auxiliase en lo posible y preciso: advirtiéndose que para asegurar el ascenso á su informe, procurase traer algunas prendas de las particulares que tengan, ó de que usen aquellos españoles. Antes de que llegase á manos del referido Gobernador esta providencia, recibí las que habia dado sobre el mismo asunto, en virtud del aviso de D. Juan Enriques, cadete de aquella guarnicion, que concordaba en substancia con lo que dijo Pinuer, acompañándolas con carta de 28 de Febrero de este año, en que se incluye una copia que dirigió por el mismo cadete á los que tuviesen el mando de antedichas poblaciones, á efecto de que supiesen lo inmediatos que estamos los de su nacion, y el deseo de descubrirlos y sacarlos de aquel cautiverio, y la felicidad que les proporcionaba la Divina Providencia par el mas claro conocimiento de nuestra sagrada religion, incitándoles á la comunicacion. Igualmente se comprenden las formalidades legalizadas, y las declaraciones del cadete Enriques y de su ordenanza Baltazar Ramirez, soldado de aquella plaza, de haber llegado á casa del cacique, nombrado Lipique, que vive en la entrada del Ranco, á distancia de veinte y cuatro leguas de la plaza. Que allí entregó la carta al soldado Ramirez; que éste pasó con ella disfrazado de indio á la del cacique, llamado Limay, ocho leguas mas adentro, y que de allí dió la carta al indio, nombrado Quaripangui, para entregarla á los españoles que distan diez leguas hácia la cordillera: obligandose, en fuerza de lo que se le graficaba, á volver con la respuesta dentro de un mes, añadiendo el soldado haberse visto en grande peligro, á causa de un grande trozo de indios que llegaron á lo del citado cacique Limay, con el fin de quitarle la vida, porque sabian ser su solicitud el descubrimiento de los españoles, segun lo que habia dicho otro soldado, nombrado Marcelo Silva, al cacique Pallaturreo, y otros, y que todos estaban alborotados con este motivo. –El gobernador concluye diciendo, que siempre será necesaria la fuerza, por el empeño con que los indios los ocultan; y aunque por ahora no hay mayor fundamento para asentir á dichas noticias, ni hacer por ellas novedad, llevaré adelante las providencias que faciliten mejor, y dén una idea mas fundada de lo que haya en realidad. Persuadiéndole desde luego que, á ser ciertas estas poblaciones, serán de las que se solicitaban con el nombre de los Césares, por conformarse las tradiciones de su ubicacion con las noticias referidas, de cuya resulta daré puntual noticia á V. E. con la primera ocasion que se presente. –Nuestro Señor guarde á V. E. por muchos años. Santiago 29 de Marzo de 1774. Exmo Señor: B. L. M. de V. E. , su mas rendido servidor.—

D. AGUSTIN DE JAUREGUI.

Exmo. Señor, D. Manuel de Amat.

NUEVO

DESCUBRIMIENTO PREPARADO POR EL GOBERNADOR DE VALDIVIA EL AÑO DE 1777.

Salieron del fuerte de Rio Bueno dos cadetes, un sargento, el condestable y seis soldados, acompañados de varios caciques de indios; y dirigiéndose hácia el este, á cosa de 34 leguas dieron con la laguna de Puyechué, donde formaron una canoa y pasaron algunos á la otra banda de dicha laguna, que tendrá como 4 leguas de diametro, y 25 de circunferencia, con nueve islas inhabitadas; la que reconocieron. De este parage caminando al sur, á cosa de seis leguas de distancia, hallaron otra laguna, llamada Llavequegue, donde fabricaron otra canoa, en la cual se embarcaron siete para reconocerla, y costeándola por la banda del este, al cabo de tres dias llegaron á su fin, al pié de la Cordillera, donde descubrieron un volcan al est-nord-este, cuyo nombre ignoran. Y no hallando mas que tremendos riscos y montañas, volvieron al alojamiento de Llavequegue ó Llauquehue, y despues al Puyechué, á donde llegaron siete dias despues que los demas.

En este parage, instando de nuevo á los indios que los guiasen al descubrimiento, quedaron de acuerdo en que seguirian el viage dentro de tres dias. Al cabo de este tiempo, salieron divididos en dos partidas; siguieron viage por tierra á pié, con sus bastimentos y municiones á las espaldas, ocho soldados con su sargento, y llegaron á la orilla de la laguna de Llavequegue; y hallando la canoa en el mismo sitio en que la habian dejado, pasaron al dia siguiente á una punta opuesta, y en el otro navegaron cosa de dos leguas, hasta un arenal donde desembarcaron.

Los indios, acompañados de la otra partida, siguieron adelante, abriendo camino por montañas y cordilleras en todo aquel dia, y al siguiente se unieron, y todos juntos pasaron un fuerte temporal, que duró tres dias y cuatro noches; y pasado este, siguieron el dos dias mas de camino, y en el primero, hallándose en un alto de la Cordillera, descubrieron el extremo de una laguna grande, y una tierra baja muy dilatada.

Caminando mas adelante, se echaron los indios en tierra, diciendo que no podian mas, y viendo que ni por ruegos ni ofertas, pudieron conseguir que prosiguiesen adelante, subieron á un árbol de mas de treinta varas de alto, de donde descubrieron una laguna grande de tierra llana y dilatada con una isla en medio, que despues dijeron los indios, ser esta la laguna Puraya, y que la isla que tenia se llama Jolten, habitada de indios y españoles. Habrian caminado en los tres dias como doce leguas, segun su cómputo, desde la laguna Llauquehuc hasta este parage, de donde marcaron la laguna de Puraya al sueste; y hallándose sin guia, bastimentos, ni fuerza, determinaron volver al fuerte de Rio Bueno.

En la última entrada, acompañados de varios indios, pasaron la laguna de Puñechué, y la de Llauquehuc, donde hallaron sus canoas; y usando de ellas como antes, por la misma derrota llegaron á las señales que les dió el indio Turin, que fueron un pedregal y riachuelo, en cuyo arenal quedaron cinco con cuatro indios por cansados, aburridos y escasos de viveres. Pero siguiendo adelante los demas, declararon unánimes, que despues de reconocido el pedregal y riachuelo, no habiendo ya montaña que romper, subieron al volcan de Purarauque, que se forma de pampa de piedra menuda, quemada como escória, y subiendo hasta la mitad de su altura, ya tocando la nieve, hicieron alto para pasar la noche. Que al dia siguiente oyeron tiros de artilleria, y saliendo de allí á reconocer con la vista lo que alcanzasen, faldearon el cerro por la izquierda, y guiados por la seña, descubrieron la pampa grande del otro lado con el riachuelo, y una laguna que estaba entre riscos al pié del volcan; pero desfallecidos, por no haber comido dos dias, y lastimados los pies de tanto andar, pues juzgan que anduvieron mas de veinte leguas, en los nueve dias, hasta Puñechué, y de allí todos juntos al Rio Bueno.

Generalmente convienen, segun las relaciones de los indios, en que hay tales españoles, diciendo algunos que son ingleses, diferenciando algunos en las poblaciones, pero concordes en que son muchos, y en que se defenderán, porque son muy guapos: y los distinguen en dos naciones diversas, expresando que los Morohuincas estan muy lejos ó retirados, fortalecidos en sitio superior, y unidos con los Peguenches, á quienes hacen sus parlamentos, y aun dicen que tienen noticia que les entran embarcaciones. A otros llaman Aucahuincas, que dicen estan junto á la laguna de Puraya: que estos son de Osorno, y que tienen guerra con los Morohuincas.

DECLARACION

Del capitan D. Fermin Villagran, sobre la ciudad de los Césares. (1781.)

Yo el Capitan de dragones de este Real Ejército, y Comandante de dicha plaza, D. José Maria Prieto; habiendo tenido órden verbal del Coronel de caballeria, Maestro de Campo, General y Gobernador de esta frontera D. Ambrosio de O'Higgins, para tomar declaracion al capitan de la reduccion de Maguegua, D. Fermin Villagran, sobre noticias que ha adquirido en su dicha reduccion, por un indio Guilliche, de un establecimiento de españoles situado en un parage llamado *Muileu*, le hice comparecer ante mí, y le mandé hacer la señal de la cruz, bajo la cual prometió decir verdad, y lo que sabe sobre este asunto, con toda individualidad en cuanto fuese preguntado: y habiéndolo sido sobre qué es lo que sabe del citado indio; dijo: –Que habiendo pasado á su reduccion á dejar al cacique Loncomilla, de resultas de haber bajado éste á ver al Sr. Maestre de Campo de esta plaza, deseoso de averiguar el paradero de ciertas cautivas españolas que tenia noticia paraban entre los Guilliches, habló con un indio de esta nacion, llamado Gechapague, á quien preguntó por dichas cautivas, y le respondió, que allí en su lugar no habia ninguna. Replicó el capitan que sabia haberlas allí ó en otro, y respondió el Guilliche, que en otro lugar de mas adentro las habia, y que estas ya los españoles las estaban comprando. Y preguntándole á dicho indio, ¿qué españoles las compraban? Respondió que eran unos que estaban en un parage nombrado *Mileci*. Y preguntándole á dicho indio, ¿qué á dónde era este parage? Respondió, que á donde entra en el mar el rio del *Meuquen* ó *Neuquen*, á la otra parte de la Cordillera. Y preguntándole, como habian llegado allí aquellos españoles? Respondió, que en cuatro ó cinco embarcaciones. Y preguntándole, qué número de gentes españolas habia en aquel lugar? Respondió, que habria mil personas. Mas tambien le preguntó dicho capitan al citado indio, que de qué armas usaban aquellos españoles? Y respondió, que tenian cañones de artilleria muy grandes, y que tenia bastantes. Y preguntándole así mismo de qué vestuario usaban? Respondió, que de paño. Y preguntándole, que como, ó de que se mantenian allí dichos españoles? Respondió, que luego que llegaron, habian padecido muchas necesidades, y que en el dia se bastimentaban por los indios con vacas y caballos que les llevaban á vender; y que los dichos españoles, tambien salian de diez en diez á tratar con ellos y hacer este conchabo. Y añadió dicho indio, que los españoles decian, que aquel establecimiento distaba de su tierra ocho dias de navegacion; y que lo que lleva declarado, no solo lo supo por el indio referido, sino por otros tres mas, quienes le relacionaron lo mismo. Y siéndole leida esta declaracion, dijo: no tener mas que decir, añadir ni quitar á lo que lleva declarado; y que esta es la verdad, só cargo del juramento que lleva hecho. En el que se afirmó y ratificó, y firmó junto con migo en dicha plaza, mes y año.

FERMIN VILLAGRAN. ——- JOSÉ MARIA PRIETO.

INFORME

Y DICTÁMEN DEL FISCAL DE CHILE
SOBRE LAS CIUDADES DE LOS CÉSARES,
Y LOS ARBITRIOS QUE SE DEBERIAN
EMPLEAR PARA DESCUBRIRLAS. (1782.)

El Fiscal de Su Magestad en lo criminal, en consecuencia y cumplimiento del superior decreto de V. S., de 16 de Abril último, ha reconocido los nueve cuadernos de autos que se han formado sobre descubrir las poblaciones de españoles y extrangeros, que se presume hay en las alturas y parte meridional de este reyno; y así mismo el que se crió el año de 1763, á instancia del Gobernador y vecinos de la provincia de Chiloé, sobre la apertura del camino de Osorno y Rio Bueno. Y en inteligencia de cuanto de ello resulta, dice:

–Que, aunque enterado de la arduidad del asunto, que comprende este espediente, ha procurado despacharlo con la brevedad posible, le ha sido forzoso retardar su respuesta hasta hoy, así porque le ha sido indispensable hacer detenidas reflexiones en cada uno de los diez procesos á que está reducido, como porque el despacho diario de los negocios concernientes á su ministerio le han embarazado mucha parte del tiempo que ha recorrido desde el citado dia 16 de Abril hasta el presente. En esta atencion, y cumpliendo con la superior órden de V. S. contenida en el enunciado decreto, espondrá lo que le ocurra á cerca de las expediciones proyectadas en estos mismos autos.

1.° El objeto que las ha motivado es descubrir si en las alturas que en este reyno se miran, desde los 40 grados hasta el estrecho de Magallanes y cabo de Hornos, hay alguna ó algunas poblaciones de españoles ó colonias de extrangeros, como por tradicion de largos tiempos se nos ha anunciado. Y en realidad, atendidas las actuaciones que formalizó el coronel D. Joaquin de Espinosa, mientras tuvo á su cargo el gobierno de la plaza; y presidio de Valdivia, parece no deba dudarse de la existencia de tales poblaciones ó colonias, para cuyo esclarecimiento y evidencia basta reconocer el dicho uniforme, y la atestacion antigua y moderna de los caciques y principales indios que han trabajo amistad con los españoles de la mencionada plaza.

2.° En el primer cuaderno de las enunciadas actuaciones se reconocen cuatro declaraciones, tomadas al capitan graduado D. Ignacio Pinuer, comisario de naciones de aquella jurisdiccion; y en todas ellas asegura bajo de juramento, que con motivo de la amistad estrecha que, en mucho tiempo á esta parte ha profesado con los caciques é indios de aquellos contornos, y de la relacion de parentezco con que les ha tratado, le han comunicado, que de la antigua ciudad de Osorno, al tiempo que fué invadida por los indios, se retiraron despues de un largo sitio algunas familias tierra adentro, y se situaron en un parage que era hacienda de los mismos españoles de Osorno. Que habiéndose defendido allí mucho tiempo, dieron contra los indios, y juntaron muchos ganados de los suyos que se llevaron á su fuerte: y que en ese mismo parage se mantienen hasta hoy, el cual dista de Osorno como cinco ó seis leguas, porque hay un pedregal grande que dar vuelta. Que se ha mantenido en ese sitio á fuerza de valor: que los indios les han hecho muchas entradas, y no los han podido vencer: que para salir les impide ser una sola la entrada, en la que hay un cerro donde tienen un sentinela los indios para avisar si alguno sale, y atajarlo, como ha sucedido con algunos; que son muchos los que lo han intentado, y han sido muertos por los indios por lo que solo se mantienen defendiendo las entradas. Que es cierto tienen dos poblaciones; la principal en una isla en donde ya no cabian, por lo que se han pasado á la tierra firme en frente, desde la que se comunican por agua; porque donde está la ciudad principal, es en medio de una laguna, y solo tiene entrada á la tierra por un *chapad*, ó pantano, en que tiene puente levadizo. Que sabe tiene artilleria, aunque pequeña, y usan de las armas de lanza y espada: que es mucho el número de gente, y visten camisa, y segun explican los indios, calzon de buchí y chupan, porque no saben explicarse. Que tienen casas de teja y paja, fosos y revellines: que tienen siembra de agí, que es con lo que comercian con los indios, quienes les llevan sal de la que sacan de Valdivia: que tambien les llevan achas y cosas de fierro, por vacas y caballos que tienen muchos. Que hablan lengua española, pero que, aunque los indios les han llevado indio ladino, no les entienden bien. Que tambien hablan lengua índica; y que usan marcas, yerros españoles en las vacas y caballos, las cuales ha visto el mismo Pinuer.

Finalmente testifica que tambien sabe, que estos no son los que llaman *Césares*, porque hay otras poblaciones de españoles hácia el Estrecho, que segun dicen los indios son de navios perdidos. Que su conocimiento y trato con ellos, de 40 años á esta parte, sus entradas á la tierra, y el llamarlos parientes, y amigos con alguna sagacidad que ha puesto para saber este asunto, le ha hecho noticioso de que es cierto lo expuesto, y de que existen tales poblaciones, porque lo ha oido decir á indios principales caciques de razon, y lo ha confrontado con lo mismo que ha oido á otros, y todos concuerdan en una misma cosa. Que el haberlo ocultado los indios es porque de padres á hijos se han juramentado el callarlo, y es rito ó ley ya entre ellos; y aun por esta razon se han mantenido alzados, sin nuestra comunicacion, todos los de la otra banda. Que sabe que este juramento y sigilo ha sido, porque tienen por abuso decirse unos á otros, que si los descubrian los harian esclavos los españoles, y los sugetarian á encomiendas: por cuya causa al que han sabido formalmente que lo ha descubierto le han quitado la vida. Que el saberlo el declarante es porque, habiéndose dado muchos años há por pariente de dos caciques de los alzados, del otro lado del Rio Bueno, nombrados, Amotipay y Necultipay, estos con gran secreto se lo contaban, y por haber Amotipay venido á verle, á su regreso le dieron veneno los indios, y que Necultipay ofreció al declarante llevarlo á la ciudad, pero que no se verificó por haber fallecido, dejándolo por heredero de sus tierras. Que hoy dia ya se habla de esto con menos reparo entre los indios, porque dicen que se ha publicado; y que ahora tres años se hizo una gran junta de los indios alzados, y en ella ofrecieron primero morir que rendirse, ni desamparar sus tierras, porque tenian noticias de que los españoles de Chiloé, salian en solicitud de estos otros españoles, y poblar primero á Osorno.

Y en otro lugar confirmando estas mismas noticias, dice: que hácia el cabo de Hornos, hay otra poblacion, que discurren los indios ha resultado, y aun aseguran que proceden, de navios extrangeros perdidos, y que hay tres ciudades grandes y otras pequeñas; lo que le ha asegurado el indio que las ha visto.

Y mas adelante, que será necesaria tropa para hacer este descubrimiento, porque no duda que se ha de oponer mucha indiada, que es gente aguerrida, y que conoce sus terrenos. Que hay muchos retazos de monte y rio, y la distancia será de cerca de 40 leguas: y que todo se ha de vencer á fuerza de armas; pues, aunque no hagan frente formal los indios, harán emboscadas y avances de noche, ó la multitud puede obligarles á presentar batalla formal: y así, que considera ser convenientes mil hombres, atendiendo tambien á no saberse con certidumbre si estos españoles querrán entregarse ó mantenerse allí con el dominio que han establecido.

3.° Lo mismo, aunque con menos puntualidad, testifican Gregorio Solis, Marcelo Silva, el cadete D. Juan Henriques, Francisco Aguto capitan de Amigos, de la reduccion de Calle-calle, el lengua general D. Juan de Castro,

Casimiro Mena, Baltazar Ramirez: y el Reverendo Padre lector Fr. Buenaventura de Zarate, guardian del convento de D. Francisco de la Isla de Macera, declara, que habiendo tenido en su servicio, por espacio de 6 años, á un indio cristiano, llamado Nicolas Confianza, muy ladino y enterado de nuestra religion é idioma, siendo ya de edad de 60 años, cayó enfermo, y estando desauciado, y disponiéndose para morir, le dijo: que queria hacer por escrito una declaracion que hallaba por muy conveniente al servicio de Dios, porque tenia mucho temor de ir á su divina presencia, sin manifestar lo que sabia. Que habiéndole tomado como pudo su dicho, declaró: que siendo moceton, hizo una muerte en Calle-calle, jurisdiccion de Valdivia, con cuyo motivo se fué fugitivo á los Llanos, y de allí al otro lado del Rio Bueno, donde lo amparó un cacique tio suyo; haciendo de él mucha confianza para sus tratos y conchabos. Que con esta ocasion le enviaba hácia la ciudad de los españoles que hay, procedidos de los de Osorno, junto á la Cordillera, á que viese á otro cacique que servia de sentinela á dichos españoles. Que era cierto que estaban allí fundados y establecidos con ciudades fortificadas, y una noche oyó hablar dos de ellos con el cacique donde estaba alojado, sobre un conchabo de lo que llevaba dicho indio, que eran achas y sal: que los españoles traian agí, lienzo y bayeta, con lo que cangeó, ó conchavó, y el lienzo era como el de Chiloé. Que es verdadera la existencia de estos españoles, y que el castellano que hablan no es muy claro: y por último que decia esto, estando ya para morir, y conocia el trance en que se hallaba, y la cuenta que habia de dar á Dios. Que este indio era muy racional y cristiano, por lo que el padre declarante asegura, que no solo en esta ocasion, sino en otras muchas conversaciones antes de este lance, siempre le habia referido lo mismo, con cuyo respecto dice, que tiene satisfaccion de la verdad de cuanto el indio le decia.

4.° A fojas 49 del mismo cuaderno 1.° se reconoce la declaracion que se tomó al indio Santiago Pagniqué, morador y vecino de Ranco, y en ella se vé que por el riesgo á que se exponia de que lo matasen sus compatriotas, en caso de saber que él habia declarado lo que ellos tanto ocultaban, expresó con lágrimas en los ojos, que sabe real y verdaderamente que estan los españoles en la laguna de Puyequé, pasado la que se repecha un risco, y hay un estero que llaman Llauqueco, muy correntoso y profundo, y es en donde los indios tienen su sentinela, para no dejar entrar ni salir á ningun español, de una parte ni otra. Que para dar la vuelta á entrar donde estan los españoles, hay mucha risqueria, pero que del cerro de Llauqueco se divisa la poblacion, y algunas colorean como tejas. Que hay muchos españoles, y que se visten de lienzo, porque siembran mucho lino, y tienen paño muzgo y colorado que tiñen con *relvun*. Que tienen iglesia, lo que sabe por otro que estuvo allí seis dias en tiempo que hicieron una procesion, y que la tienen cubierta de plata, que parece una ascua. Que á este indio lo llevó á escondidas un cacique que mandaba el sentinela, y le encargó que no le viesen, porque le quitarian la vida aquellos españoles. Que desde que nació sabe que estan ahí esos españoles; y desde Valdivia allá hay cinco dias de camino, con otras particularidades que refiere; entre las que expresa los rios y esteros caudalosos que hay que pasar, y los indios que guardan la entrada.

5.° El cacique nombrado Artillanca, que lo es de la reduccion de Guinchilca, declara á fojas 50 que estan allí aquellos españoles, en la laguna de Puyequé: que él tiene conocimiento de muchos años á esta parte, y desde que tiene uso de razon, sabe que allí estan acimentados. Que todos los indios con quienes ha comunicado, y particularmente sus padres y abuelos, siempre le han contado lo mismo, adquirido de aquellos indios que tratan con los españoles. Que estos son muchísimos, y tienen su Rey, pero que segun sabe de cierto, ellos no han querido salir, porque ahora años hicieron un parlamento, y digeron en él que tenian todo lo que habia menester, y no querian sugetarse al Rey de España. Que ahora tiempo tuvieron estos españoles una campaña con los indios fronterizos, en la que mataron á seis caciques principales y á muchísimos indios. Que despues acá no han tenido guerra, pero que tienen muy cuidado el camino, para que no se salga, ni entre á su poblacion; y que donde está el sentinela hay una angostura, en donde los españoles suelen poner una cruz; pero los indios la quitan y les ponen una macana con sangre. Que tienen iglesia grande en su poblacion, y mucha plata y oro que allí sacan. Que visten de muzgo y colorado, son muy guerreros, tienen ganados y siembran mucho. Que si los nuestros quisieran ir allá, hallarian mucha oposicion, porque hay muchos indios alzados que lo impiden. Que el camino mas derecho para ir á estas poblaciones es el de los Llanos, mejor que por Guinchilca; y que aunque en tiempo del Gobernador D. Juan Navarro, se le preguntó sobre este asunto, lo ocultó, porque ha tenido miedo si decia algo, de que lo matasen sus contrarios. Pero que ahora estaba tan agradecido del cortejo que le habia hecho D. Joaquin de Espinosa, y tan satisfecho de su amistad, que no habia podido callarle nada, y así le habia abierto su pecho, para decirle la verdad de todo lo que sabe.

6.° A fojas 89 declara el cacique Llancapichun, de la reduccion de Ranco, con el indio Santiago Pagniqué, que es cierto y evidente que se hallan allí aquellas gentes españolas en el otro lado de una laguna grande, nombrada de Puyegué: que es mucha la gente que hay, toda blanca, como nosotros: que usan de los mismos vestidos, que tienen casas, murallas, y embarcaciones con que se manejan en la laguna, y salen á pescar. Que tienen tambien armas de fuego; y que no solo hay esta poblacion sino otra mas adentro: que ellos estan prontos á guiar á los nuestros, si quieren pasar allá, pues ya conocen que queremos buscar á los de nuestra sangre. Que tenian parlado ellos sobre el asunto con los indios Puelches, de las inmediaciones de sus tierras, y les habian ofrecido ayudar á los españoles si entraban á sacar á los otros. Que se oponen á esta entrada muchos indios que hay hasta llegar á la laguna, que son los que siempre han defendido la entrada y salida de aquellas gentes. Que desde la casa de Llancapichun, hasta llegar á la orilla de la laguna, desde donde se divisan los españoles que se buscan, hay veinte y cuatro horas de camino montuoso, con algunas angosturas y cerrillos. Que hay dos rios que pasar, cuyo tránsito puede facilitarse con armar embarcaciones, que es muy fácil á los nuestros: y que así estaban ya prontos á guiarnos, esperando solo la determinacion del Gobernador, á quien ocurririan siempre que sus contrarios les quisiesen insultar, por haber declarado estas noticias.

7.° A fojas 26 del cuaderno segundo depusieron los caciques de Rio Bueno, Queupul, Neyguir, Payllalao, Teuqueñen y Millagueir, que era cierto que estaban allí tales españoles, obligándose á enseñar la poblacion y á poner á los nuestros con el cacique Cañilef en parage donde la divisasen, y lo mismo aseguraron á Francisco Agurto, Blas Soto, Miguel Espino y Tomas Encinas, los caciques Antili, Guayquipagni, Tagollanca, Leficura, Cariñancú, y otros seis mas, segun consta de la carta de fojas 35 de este propio cuaderno segundo, cuyas noticias confirmaron al cadete D. Manuel de la Guarda: añadiendo el apronto de sus lanzas, y que era preciso para ir sin susto, que la marcha para el descubrimiento debia ser por el mes de Setiembre, y antes de que se abriese la Cordillera, para no tener así temor de que los Peguenches y Puelches saliesen á impedirles el paso.

8.° Francisco Agurto declara nuevamente á fojas 49, que con motivo de haber sido uno de los que fueron al otro lado del Rio Bueno en la escolta que se dió al cacique Queupul, como parcial nuestro, consiguió hablar sobre la existencia de los españoles, nominados *Césares*, con varios indios, á quienes por haber hallado muy adictos al Gobernador y á los españoles, pudo ya sin cautela tocarles este asunto de ellos, siempre cautelosamente promovido. Que de estas conversaciones resultó que el cacique Neucupangui, que tiene su habitacion y terreno adelante de Rio Bueno hácia las cordilleras, le comunicase que los españoles que buscábamos, estaban á este lado de la Cordillera; pero que fuera de estos habia al otro lado, á orillas del mar, otros *Huincas*, ó españoles muy blancos, que eran muchos, y se hallan allí poblados de navíos perdidos; que eran muy valientes, tenian murallas, y no se darian por bien. Que eran muy ricos, y tenian comercio, porque entraban embarcaciones en su puerto. Que esta gente se comunicaba con otros llamados *Césares*, por un camino de risqueria, que solo á pié se podia, andar, en que tardaban dos dias. Que toda esta declaracion la oyó el declarante, igualmente de otro cacique, llamado Imilguir, tambien de tierra adentro, y que no duda de su certidumbre por la ingenuidad con que le hablaban en este particular, pues diciéndoles el que declara: —"esos serán los de Chiloé," respondieron: "–esos están por ahí abajo, que no ignoramos nosotros para dar esta noticia": lo mismo que repite este declarante á fojas 78, contando los pasages que le ocurrieron al entrar á la laguna de Puyegué.

9.° A fojas 15 dice la india Maria, natural de Naguelguapí, que su madre tenia amistad con unos españoles que se hallaban inmediatos á su tierra, y que con el motivo de haber caido enferma, la llevó á una islita, en donde habia un religioso y una señora de edad: que el religioso tenia los hábitos como los de San Francisco, y la quizo bautizar, y ponerle por nombre *Teresa*. Que dicho religioso estaba en la isla como misionero, y á ella ocurrian á rezar algunos indios. Que inmediato á la isla hay una poblacion, situada de la otra banda de la laguna de Puyegué, en la cual hay algunos indios y muchos españoles, los que habitan en unos altos, sin permitir entrar á los indios. Y á distancia de un dia de camino, hay otra poblacion, cuyos dueños tienen muchas armas de fuego, y hablan distinta lengua que los primeros, los cuales tienen muy pocas armas de fuego, y sí muchas lanzas. Que mantienen continua guerra con los de la segunda poblacion por causa de sus ganados; y que los primeros, segun lo que la madre de la declarante le tiene dicho, usan del vestuario como nosotros, y por zapatos, *sumeles*. Que tienen comercio con los otros, de quienes se proveen de lienzos, añil y chaquiras, y que tienen una especie de lana que se cria en árboles, la que traen de la otra banda de la Cordillera, hácia el Cabo de Hornos, conchabándola á los indios. Tambien que aquellos españoles solicitan saber de nosotros, pero que los indios les infunden temor, diciendo: *que somos muy temerarios y tiranos*, y que por un rio grande que es de mares, se comunican los de una poblacion con otra, por unas barcas grandes.

10. A presencia de semejantes atestaciones, parece que no debe ya dudarse de la existencia de aquellas poblaciones, bien sean de españoles, ó bien sean de extrangeros, que segun el uniforme dicho de los indios, hay en la una y otra banda de la Cordillera hácia la parte del sur, y en la altura del estrecho de Magallanes y Cabo de Hornos: porque aunque no puede negarse que han producido con alguna variedad sus asertos y noticias, en cuanto á la situacion de tales poblaciones, esto puede provenir de varias causas y motivos. El primero de la misma naturaleza de los indios, que siendo sumamente recelosos del español, muy tímidos y observantes de sus ritos como leyes inviolables, segun lo adviente Francisco Agurto, á fojas 98 vuelta, y en su declaracion de fojas 96, no es inverosimil persuadirse, que ya que

descubren el secreto, para ellos misterioso, y de la mayor gravedad, varien en una ú otra circunstancia. El segundo, de que los intérpretes ó lenguaraces no hayan entendido bien lo que ellos han querido decir, explicando los lugares de la situacion. Y el tercero, de que los mismos indios por su rudeza no hayan sabido explicar este punto.

Y así debe atenderse principalmente á la substancia de lo que declaran acerca de la efectiva existencia de dichas poblaciones, mayormente estando todos contestes en cuanto á este punto, sin que lo contrario arguya el éxito de las expediciones hechas á costa del coronel D. Joaquin de Espinosa, de que dá puntual razon el Reverendo Padre Fray Benito Delgado, en su carta de fojas 99 del 5.° cuaderno, y á fojas 127 los cadetes D. Miguel, y D. Manuel de la Guarda, D. Joaquin, y D. Juan Angel Cosio, el sargento Gregorio Pinuer, el condestable Pedro Alvarez, los cabos Teodoro Negron, y Feliciano Flores, y los soldados Francisco Agurto, Baltazar Ramirez, Miguel Espino, Tomas Encinas, Andres Olguin, y Domingo Monte-alegre. Pues, confesando que no pasaron á mucha distancia de las lagunas de Puyequé y Llauquigue, ni llegaron á la otra laguna de Puraylla, que divisaron desde un alto de la Cordillera, donde vieron algunos humos, y que oyeron unos tiros, como de esmeril ó pedrero, los que pudieron ser efecto de los volcanes inmediatos, no debe tenerse esto por documento suficiente que califique absolutamente la falsedad del comun y general aserto de los indios, y mucho menos cuando los caciques, en el acto mismo de reconocer estos españoles las precitadas lagunas, ratificaron las mismas noticias aseverando que los Moro-huincas de la segunda poblacion son ingleses, y que son muy guapos, que estan muy lejos, y muy fortificados, como se vé á fojas 35 y fojas 36 de dicho 5.° cuaderno.

11. Si V. S. recuerda las memorias de las épocas anteriores, hallará que nuestra nacion española no tuvo mejores ni iguales fundamentos para haber hecho los descubrimientos que admira todo el orbe. Despues que el almirante D. Cristoval Colon, obtuvo las noticias que le comunicó el Piloto Alonso Sanchez de Huelva, de la nueva tierra que habia visto, juzgándolas por sueño los de su propia república, y las coronas de Portugal, Francia é Inglaterra, á quienes convidó con ellas: –despues que habiendo vencido inmensos trabajos, logró descubrir la isla nombrada Guanani, que ultimamente se llamó de San Salvador, no tuvo otro comprobante de la existencia de las demas que halló, que el dicho y aserto de los indios. Cuando Barco Nuñez de Balboa[17] descubrió la tierra, en que se fundó la villa de Santa

---

17 Se refiere a **Vasco Núñez de Balboa** (1475-1517), descubridor del Mar del Sur, primera denominación del Océano Pacífico. Se embarcó en el año 1500 para el Nuevo Mundo en la expedición de Rodrigo de Bastidas, con quien exploró las costas caribeñas desde el cabo de la Vela, en la península de la Guajira, hasta el golfo del Darién, al que hace referencia el autor una línea más adelante. (Nota del Editor)

Maria, la antigua del Daryen, no tuvo otro antecedente para saber de la situacion del mar del sur, y de las tierras del Perú que el dicho de un hijo del cacique Careta, apuntándole con el dedo hácia el medio dia. El marquez D. Francisco Pizarro[18], habiendo navegado hasta la tierra del Tumbez, no tuvo otro fundamento para creer la existencia del Cuzco, su riqueza y poderoso imperio, que el dicho de los mismos indios Tumbezes. Y en fin el Adelantado D. Diego de Almagro[19], para haber tomado á su cargo el descubrimiento y conquista de este reyno de Chile, no tuvo mas fundamento que las noticias que le comunicaron en el Cuzco los indios de aquella jurisdiccion, igualmente que el Inca Mango sucesor de los dos hermanos Guacan y Atahualpa. Con que se concluye, que el simple dicho y aserto de los indios, por los efectos que en todos tiempos ha causado, no debe despreciarse enteramente, y mucho menos cuando es uniforme y conteste entre los mismos que lo producen.

12. Bien es, que el demasiado deseo de nuestros españoles por las riquezas y metales preciosos, ha llegado á fabricar en sus ideas algunos paises ó poblaciones imaginarias en estas Américas, cuya fantasia se ha apoyado con el embuste de los indios, que por apartar de sí á los nuestros, han procurado empeñarlos en el descubrimiento y conquista de algun pais riquísimo, que fingian hácia tal ó tal parte: como sucede en el Perú, donde corre la opinion de que entre aquel reyno, y el Brasil hay un dilatado y poderoso imperio, á quien llaman el *Gran Paytití*, donde dicen se retiró con inmensas riquezas el resto de los Incas, cuando se conquistó el Perú por los españoles, sustituyendo el nuevo imperio en lugar del que habian perdido: sobre cuyo descubrimiento y hallazgo se han dedicado muchos con esmero, y gastado crecidas cantidades, sin otro fruto que el desengaño. En la provincia de la Guayana, que está al sur de Caracas, se dice así mismo que hay un pueblo, á quien llaman *el Dorado*, por ser tan rico, que las tejas de las casas son de oro; y al norte del nuevo Méjico, que hay un pais denominado la *Gran Quivira*, reducido á un imperio floridísimo, que se formó de las ruinas del Mejicano, retirándose allí cierto principe de la sangre real de Montezuma. Y aunque sobre descubrir esta Gran Quivira, no se han impedido gastos algunos, pero sí se han erogado muchos sobre el Dorado, sin que se haya conseguido otro favorable efecto, que el que han tenido las

---

18 **Francisco Pizarro** (c.1476-1541), conquistador español del Perú, primer gobernador (1534-1540) de los territorios que habrían de formar poco después el virreinato del Perú. Se dice que de la actual Tumbes (ciudad del Perú) Pizarro extrajo un importante cargamento de oro. (Nota del Editor)

19 **Diego de Almagro** (c. 1475-1538), conquistador español, protagonista activo de la conquista del Perú. (Nota del Editor)

expediciones del *Gran Paytití*. Y teniendo presente estos acaecimientos, algunos críticos han colocado las poblaciones de los españoles, que llaman *Césares*, entre los paises imaginarios, fundando su opinion en los antedichos egemplares, y en que no han podido ser hallados, sin embargo de la solicitud con que muchas veces han sido buscados: como entre otros sucedió con el Padre Nicolas Mascardi, de la Compañia de Jesus, apostol de las Indias de Chiloé, que habiendo entrado tierra adentro en demanda de estas poblaciones, el año de 1673, solo consiguió morir á manos de los indios Poyas.

13. Mas aquí tenemos otros fundamentos sólidos, que hacen verosimil la existencia de los españoles, á que el vulgo ha querido denominar los *Césares*, porque los indios que la han declarado uniformemente, nada han dicho de ponderacion que pueda mover la codicia, pues han asegurado que tienen lino, que tienen casas de paja y totora, que tienen artilleria menuda, pocas armas de fuego, y muchas lanzas, con otras particularidades que no militan en el imperio del *Paytití*, y poblacion del *Dorado* y *Gran Guivira*. Han expresado que semejantes poblaciones de españoles proceden de los que se salvaron en el asedio de las siete ciudades, acaecido en el año de 1599; y siendo todo esto muy verosimil, como tambien que puedan ser de los que habitan la ciudad de las Infantas que se desapareció en aquel tiempo, sin que se pudiere saber el fin que tuvo, ni donde estuvo situada, no hay desde luego razon, para que, inclinándonos á la opinion de los críticos, creamos que son fingidas é imaginarias tales poblaciones.

A lo que se agrega otra reflexion, que nace del naufragio que han padecido algunas naves en el estrecho de Magallanes. Segun nos cuentan las historias, entre las armadas que se han perdido en ese estrecho, una fué la de cuatro navios que despachó el Obispo de Placencia para poblar las islas Malucas; los cuales habiendo llegado con buen tiempo al Estrecho, hallándose veinte leguas dentro de él, se levantó por la proa un viento tan récio, que no pudiendo volver atrás ni tener por donde correr, dieron los tres de ellos en tierra, y se perdieron; pero no la gente, que esta se salvó. La cuarta nave tuvo mejor suerte, porque corriendo fortuna, pudo desembocar otra vez al mar del norte, y sosegada la tempestad, volvió á envestir al Estrecho, y llegó al parage donde se habian perdido las compañeras, hallando en aquellas riberas la gente que se habia salvado en tierra: los que viendo la nave, comenzaron á hacerle señas, y á gritar á los que iban dentro, pidiéndoles que los recibiesen: pero que no lo hicieron, porque los bastimentos que habian quedado eran tan pocos, que temian no bastasen aun para los del navio.

14. Ahora pues, como no se sabe con certidumbre qué se haya hecho de estos hombres, y se dice, por otra parte, que en la realidad hay gente de Europa poblada hácia el Estrecho de nuestro continente, no es dificil persuadirnos que, viéndose perdidos, se entrasen tierra adentro, y emparentando con alguna nacion de indios de los que allí existen, se hayan ido multiplicando de manera, que se hayan dejado sentir de las naciones mas vecinas, y de estas pasado á otras las noticias, que siempre han corrido muy vivas, de que en efecto hay tales gentes en aquel parage, á quienes llaman *Césares*: sin duda por la tradicion de que, reinando el emperador Carlos V., salió un navio cargado de familias para poblar este sitio, y varando en la costa el bajel, entraron ellos tierra adentro, y formaron la citada poblacion. Consideraciones todas por que los geógrafos la han situado en una abra de la Cordillera Nevada, entre los 45 y 50 grados de latitud.

15. Cuando no hubiesen otras razones que fundasen la necesidad de indagar la real y verdadera existencia de estas poblaciones, serian sin disputa, en concepto del Fiscal, un poderoso motivo, para que por todos los medios posibles se procurase salir de toda duda y equivocacion; pero habiendo sospechas vehementísimas, que casi hacen evidente el establecimiento de naciones extrangeras en los terrenos que hay del estrecho de Magallanes para el norte, tampoco hay arbitrio para que dejen de verificarse las expediciones que propuso el coronel D. Joaquin de Espinosa, en su carta de 4 de Marzo de 1778, que se halla á fojas 143 del cuaderno 5.°

16. Sobre las noticias que de ellos han dado los indios, y quedan ya apuntadas, concurre la notable circunstancia de haber sido siempre este fertilísimo reyno el objeto de la envidia de las naciones extrangeras, especialmente de la inglesa. Prueba de ello es el continuo desvelo con que esta potencia se ha dedicado á indagar la situacion de los puertos, costas y ensenadas de nuestra América meridional, y los viages que practicaron al mar pacífico los piratas Francisco Drake, el año de 1579, entrando al puerto de Valparaiso; Tomas Candish, ó Cavendish, el de 1587, dejándose ver en la isla de Santa Maria y Valparaiso; Ricardo Achines en el de 1593; Oliver de Noort el de 1599; Jorge Spilberg en el de 1615, con seis navios; Jacobo Lemaire, Guillermo Schouten y Guillermo Fiten el de 1616; Henrique Beaut, que el de 1633 con una escuadra considerable salió de Pernambuco, y entró en el mar del sur; por el estrecho de Lemaire. Era su ánimo tomar el presidio de Valdivia, y fundar allí una colonia: pero habiendo desembarcado su gente, y empezádose á fortificar en aquel sitio, el Gobernador de la plaza y su guarnicion, ayudados de los indios, los desalojaron á cuchilladas, obligándoles á abandonar el puesto. Henrique Morgan, el de 1669, Carlos Henrique Clarke, el de 1670; y el de 1680, Bartolomé

Charps, Juan Guarlen, y Eduardo Valmen saquearon los puertos y lugares abiertos de las costas del Perú y Chile. Y en el presente siglo, Tomas Colb, el año de 1708; Juan Chilperton el de 1720; Eduardo Wernon el de 1740; y el de 1741 el vice Almirante inglés, Jorge Anson; y en fin el viage del comandante Byron, hecho al rededor del mundo, y la descripcion puntual que de órden del almirantazgo egecutó del Estrecho, mencionando sus bahias, puertos, rios y ensenadas, el año de 1764.

17. Estas consideraciones, unidas á las que con maduro acuerdo hace el capitan D. Manuel Josef de Orejuela en las tres representaciones que ha exhibido con fechas de 21 de Noviembre de 1781, 18 de Febrero, y 12 de Abril del corriente año, califican en tanto grado la sospecha de que los ingleses se hayan poblado y fortalecido en algunos de puertos que hay desde la bahia de San Julian para el sur hasta el Cabo de Hornos, que apenas habrá hombre prudente que, reflexionando con detenida meditacion la materia, dude de semejantes establecimientos. Pero como es este un punto de los mas graves é interesantes al Estado, es forzoso que el distinguido celo de V. S. para remover todo escrúpulo de duda, no omita diligencia, por leve que sea, á fin de esclarecer estas sospechas. Y supuesto que el capitan Orejuela, en el capítulo 12 de su representacion de fojas 5 del 9.° cuaderno, expresa haber reconocido cierta declaracion tomada al Reverendo Padre Prior del convento de San Juan de Dios del presidio de Valdivia, en que aseguraba que, habiendo salido de Cádiz el año de 750, en el navio *el Amable Maria*, en la altura de 50 grados de latitud al sur, descubrió en uno de los cerros de aquel estrecho, que tenian á la vista, un hombre embozado en una capa azul, con sombrero negro redondo; y una muger igualmente vestida de azul, que se reconocia serlo por la ropa talar, acompañados de un perro grande blanco y negro; á quien habiendo llamado á la voz con señas, no respondieron palabra: y otra de los Reverendos Padres Misioneros venidos en el Toscano, en que constaba, que á la altura de 37 grados de latitud, por la parte del sur, encontraron una embarcacion inglesa de dos palos, que dijo se entretenia en la pesca de ballena, y los obsequió con un barril de aceite de ella, en correspondencia de otro de aguardiente, con que el capitan español los cortejó; seria muy oportuno y conveniente, que una vez que no se encuentran en estos autos semejantes declaraciones, se sirva mandar V. S., que informe el citado Padre Prior del convento de San Juan de Dios de Valdivia, y los religiosos misioneros venidos en el *Toscano*, sobre los pasages mencionados; y que expresando el capitan Orejuela, cual es la persona que le ha comunicado las noticias que refiere en los capítulos 32, 33 y 36 de su representacion de fojas 5, se le tome igualmente su declaracion jurada al tenor de los hechos relacionados en los capítulos 33, 36 y 37.

JOHN BYRON (1723-1786), NAVEGANTE INGLÉS, CON INDÍGENAS,
ILUSTRADO POR ÉL MISMO. BYRON PUBLICÓ *VIAJE ALREDEDOR DEL MUNDO*
(1764-1765) DONDE INCLUYE UNA DESCRIPCIÓN DETALLADA DE LA
REGIÓN PATAGÓNICA Y, SOBRE TODO, DEL ESTRECHO DE MAGALLANES.

18. Convendrá así mismo se tome igualmente declaracion al caballero francés Mr. Romanet, que se dice hallarse hoy en Buenos Aires, empleado en nuestra marina real, y destinado entre otros oficiales de este cuerpo á la division de los límites con Portugal, para que exponga con la debida claridad, si es cierto que cuando acompañó á Mr. de Bougainville en el viage que hizo al rededor del mundo, al desembocar el estrecho de Magallanes, por donde pasaron al mar del sur, vieron un *sloop* á corta distancia; el cual, sin embargo de hallarse bien cerca de tierra, inmediatamente viró de bordo, y giró para ella; por lo que al instante lo perdió de vista la fragata francesa. Y en esta atencion puede V. S., siendo servido, pasar el correspondiente oficio al Exmo. Sr. Virey de Buenos Aires, á efecto de que S. E. disponga lo que tenga á bien sobre esta importante diligencia, y que remita dicha declaracion á V. S. para que se agregue á los autos.

19. Y por lo que respecta á los medios y arbitrios que propone el nominado capitan para la mejor defensa de este reino, especialmente en cuanto á que la escuadra, que ha despachado Su Magestad para el seguro de estos mares, se destine á guardar la plaza de Valdivia, dándose á su Comandante la comision de inspeccionar aquella fortaleza y artilleria, y á esta Capitania General las facultades del Exmo. Sr. Virey, para que, en el caso de ser preciso variar las órdenes que se comunican á los comandantes, pueda resolver y mandar cuanto convenga al real servicio puede V. S., siendo servido, consultarlo con S. E., remitiéndole testimonio íntegro de este cuaderno 9, en que se incluyen las tres representaciones hechas por el capitan D. Manuel de Orejuela, á fin de que la consumada práctica y pericia de S.E. en el arte de la guerra disponga lo que tuviere por conveniente; pues el Fiscal cree que el único seguro medio de guardar este reino es el de que se acceda á las propuestas que sobre este punto hace el precitado D. Manuel: por lo que desde ahora pide y suplica á V. S. se sirva hacer formal instancia en aquella superioridad, á efecto de que cuanto antes se dé este destino á la escuadra real en la plaza mencionada.

20. Con lo expuesto hasta aquí, ha evacuado el Fiscal su respuesta en órden á los puntos concernientes á poblaciones de españoles y establecimientos de extrangeros en nuestro continente, y así concluirá su discurso acerca de estos mismos puntos, con expresar á V. S. la substancia y concepto que ha formado de lo que el indio guilliche Guechapague y los caciques Curical, Guillapangui y Quiñaguirrí comunicaron al capitan de la reduccion de Maquegua, D. Fermin Villagran, y ha expuesto en las declaraciones que de órden del Maestre de Campo, General de la ciudad de la Concepcion, se le recibieron, y constan á fojas 99 y 102, del citado cuaderno 9.

21. En una y otra expresa Villagran haberle asegurado los antedichos caciques é indios, que habia una poblacion de españoles, que estaban comprando á las cautivas, los cuales se han situado á la orilla del Rio Miuleú, cuyo trage es de paño azul, y otros de amarillo; el sombrero chico y apuntado de tres picos, y mantienen comercio con el cacique Curihuentú, que dista de ellos dos leguas, y que en distancia de seis, tierra adentro de la desembocadura de dicho rio en la mar, está la nueva poblacion muy bien fortificada con su estacada, y mucha artilleria gruesa. Y aunque D. Manuel de Orejuela, en vista de esta declaracion, procura fundar que es de ingleses este nuevo establecimiento, el Fiscal cree y conceptua que no es así, sino que esas son nuestras nuevas poblaciones, que de órden de S. M. se han verificado en la Bahia sin Fondo, como el Exmo. Señor Virey de Buenos Aires lo anuncia á V. S. en su carta, fecha en Montevideo, á seis de Mayo de este año. Manifestará la razon en que funda su dictámen, y quedará la materia tan clara como la luz del dia.

22. Segun el mapa geográfico de la América Meridional, dispuesto y grabado por D. Juan de la Cruz Cano y Olmedilla, impreso en Madrid el año de 1775, el rio Mianlú, Leubú ó Sanquel, que los indios llaman Miuleú é Neuquen, es el mismo rio que nosotros le llamamos Negro, el cual toma su orígen de las lagunas de Guanachi, desde donde corre norte sur, hasta la altura de 38 ó 39 grados de latitud, y desde ahí sigue del occidente al oriente con alguna oblicuidad, hasta desembocar en el mar, donde se forma la Bahia sin Fondo. Con que si esto es así, y constante que las nuevas poblaciones de españoles se hallan situadas en la expresada bahia, en que el rio de Miuleu desemboca al mar, es evidente la verdad con que hablaron los caciques é indios Guilliches al capitan Villagran, y que no debe por esa parte recelarse establecimiento de extranjeros, quedando así enteramente desvanecido el concepto que acerca de este punto ha formado el capitan Orejuela.

23. Pero como subsisten vigorosas las demas razones y fundamentos que forman una mas que semiplena probanza de la realidad del establecimiento de nuestros enemigos en aquellos propios terrenos, por eso, con justísima razon el poderoso invicto Monarca, que felizmente nos gobierna, tuvo á bien expedir la real órden de 29 de Diciembre de 1778, en que, á consecuencia de las actuaciones que promovió el distinguido y ardiente celo del Coronel D. Joaquin de Espinosa, se sirvió adoptar las oportunas y bien fundadas reflexiones que le hizo esta Capitania General, en apoyo de la propuesta que el Coronel D. Joaquin explicó en su carta de fojas 143, del cuaderno 5, dejando á la discrecion de este Superior Gobierno el arreglo de las expediciones que han de egecutarse, con el importantísimo objeto

de descubrir semejantes establecimientos, y salir de una vez de dudas y equivocaciones: graduando el tiempo en que convenga se verifiquen con la menos costa que sea posible: formando á este efecto las instrucciones que hayan de observarse, y cuidando de precaver en ellas todos los riesgos que las pueda empeñar en la pérdida de gentes, sin una necesidad muy urgente, y que no pueda remediarse ó alcanzarse, por razon de haber de hacer sus marchas por parages desconocidos. En la inteligencia de que, el Señor Capitan General de este reyno ha de entenderse en derechura con el Exmo. Señor Virey del Perú, para cuanto le ocurra sobre este particular: á cuyo fin le ha prevenido S. M. preste los auxilios de tropa y demas que sea conveniente para la consecucion de esta empresa.

24. Esta real resolucion, y las que le contienen en las órdenes de 2 de Diciembre de 1774, 10 de Agosto de 75, 18 de Julio de 78, y 29 de Diciembre de 78, que se contienen en el 7.° cuaderno, manifiestan la decidida real voluntad, acerca del efectivo envio de las expediciones proyectadas por el Coronel D. Joaquin de Espinosa, en su citada carta de fojas 143 del 5.° cuaderno. Y en esta virtud, lo que hoy únicamente resta, y de que se debe tratar, es del tiempo en que convendrá egecutarse estas expediciones, y del modo y circunstancias que deban observarse antes, y en el acto de su verificativo.

25. El Exmo. Sr. D. Agustin de Jauregui, siendo Gobernador y Capitan General de este reino, inteligenciado de la juiciosa conducta del Coronel D. Joaquin, y del mérito que sobre este particular tenia contraido, puso al cargo y mando de este oficial las operaciones referidas, y le ordenó en carta de 20 de Agosto de 1779, que para formalizar las correspondientes instrucciones, con total arreglo á las soberanas intenciones de S. M., y al religioso espíritu que manifiesta la misma real órden de 29 de Diciembre, le previno, que con la posible anticipacion y reserva le expusiese cuanto considerase preciso y necesario para habilitar dichas expediciones, de modo que, por falta de víveres, bagages, armas, municiones y pertrechos no tengan que padecer necesidades, peligros, ni atraso en las marchas á su destino: lo que podria facilitarse de estos auxilios y provisiones en la plaza de Valdivia y su jurisdiccion; y lo que habia de llevarse en el navio del situado, así de esta capital como de la de Lima. En el concepto de que habian de ser dos las expediciones: las que, á un tiempo determinado, debian salir una por Chiloé, y otra por Valdivia. Le previno tambien que le informase si le ocurria reparo, en que de las cuatro compañias que habian de venir del Callao, se remitiesen dos á Chiloé, para que á su abrigo puedan venir las milicias que destinare el Gobernador de aquella provincia á reunirse con las que saliesen de esta otra plaza, y la tropa que las habia de

acompañar; y así mismo, si habria caballerias bastantes, para las remontas que se consideran precisas, haciendo atencion al número de que se hubiese de componer la expedicion.

26. Previno S. E. igualmente al coronel D. Joaquin, le informase, qué tiempo le parecia el mas, á propósito para la salida, á efecto de adelantar las órdenes correspondientes al mas breve apronto de las provisiones de boca y guerra, y de todos los útiles que comprendiese necesitarse, como el de los agasajos que mas apetézcan los naturales del tránsito, dándole razon de unos y otros. Y considerando lo que importa conferir tambien la materia con el Gobernador de Chiloé, antes de ocurrir al Exmo. Sr. Virey del Perú, por los auxilios de tropa y demas que fuese preciso, le dirigió un pliego rotulado á dicho Gobernador, para que lo remitiese á Chiloé, en alguna piragua, ó embarcacion de particulares; con órden de que la comprase de cuenta de Su Magestad, si fuese capaz de poderse continuar en ella la correspondencia con aquella provincia, y en él de que no la hubiese, que dispusiese la construccion de una, adecuada al fin enunciado: haciéndole otras prevenciones conducentes á procurar la mayor seguridad de la expedicion, y el acierto de la ruta que se ha de elegir, y á facilitar el debido cumplimiento de la real órden de Su Magestad, con la prontitud deseada. Y sin embargo de ser necesarísima la decision de estos puntos, no se encuentra en los autos razon ni carta alguna del coronel D. Joaquin, en que explique su dictámen en cuanto á ellos; ni tampoco la respuesta que debió dar el Gobernador de esta provincia de Chiloé, en consecuencia del pliego que se le dirigió por la via de Valdivia.

27. En las cartas de fojas 83 y 84 del 7.° cuaderno, fechas á 12 de Junio de 1780, expresa el Exmo. Sr. D. Agustin de Jauregui, siendo aun Presidente de esta Real Audiencia, quedar en su poder la que en contestacion de la suya de 14 de Febrero escribió al coronel D. Joaquin el Gobernador de Chiloé D. Antonio Martinez y la Espada, con fecha de 27 de Marzo, la misma que con otra de 15 de Abril le dirigió dicho Coronel, consultándole los medios que le ocurrian para facilitar la expedicion por la parte sola de Valdivia, atendida la imposibilidad que ponia el mencionado Gobernador, de no ser factible se hiciese salida de aquella provincia para Osorno, por los motivos que expuso: añadiendo en la de fojas 84, quedaba tambien en su poder la razon que con la citada carta de 15 de Abril se incluyó, de lo que á D. Joaquin le habia parecido añadir á la anterior, remitida para la expedicion proyectada, y que todo se agregaria al expediente de la materia para tenerlo presente cuando hubiesen de darse las últimas providencias, con arreglo á lo resuelto por Su Magestad. Y segun lo que estas dos cartas ministran, se comprende, que *de facto* el coronel D. Joaquin de Espinosa

evacuó el informe de aquellos puntos que se le previnieron en la de 20 de Agosto de 79, ó á lo menos que expuso su dictámen sobre algunos de ellos: y pues conducen en gran manera para que V. S. pueda tomar sus medidas en este grave y delicado asunto, parece corresponde se sirva mandar, que así en la Secretaria de cámara de esta Capitania General, como en la escribania de este Superior Gobierno, se busquen y soliciten esos documentos, para que se agreguen á los autos de la materia. Y en el caso de que no se encuentren, que se escriba una carta órden al teniente D. Marcelo de Arteaga, albacea del coronel D. Joaquin, previniéndole solicite entre los papeles de este oficial el borrador de la carta de 15 de Abril de 780[20], escrita á esta Capitania General, y el de la razon con que la acompañó; y sacando copia puntual de uno y otro, la remita á manos de V. S., para los fines que convengan al real servicio.

28. Bien es que el capitan D. Manuel de Orejuela tiene absueltos todos esos puntos en sus enunciadas representaciones, en que ha expuesto parecerle conveniente, que se haga una sola salida por Chiloé con mil hombres de tropa arreglada, y quinientos mas para allanar los caminos, y conducir los bagages, pertrechos de guerra, y demas que ocurra en tan vasta empresa: refiriendo el número y clase de armas, y los otros preparativos de guerra y boca que conceptua indispensable. Y por el mismo caso de estar opuestos los dictámenes, pues el coronel D. Joaquin en su citada carta de fojas 149 del quinto cuaderno, propuso que era suficiente el número de cuatrocientos hombres de armas, así para allanar el antiguo camino de Osorno á Chiloé, como para verificar los descubrimientos que se apetecen, haciéndose á un mismo tiempo dos entradas por Valdivia y por Chiloé, es forzoso que V. S. reconozca todos los papeles y cartas, que sobre esto hubiese escrito el coronel D. Joaquin, mayormente estando tambien opuesto el dictámen del Gobernador de Chiloé D. Antonio Martinez y la Espada, segun se enuncia en la citada carta de fojas 83 del cuaderno septimo.

29. Entre los muchos y buenos arbitrios que propone D. Manuel Orejuela, parece al Fiscal muy oportunos y convenientes dos. El primero, él de llevar la expedicion las canoas de viento, necesarias para el tránsito de los rios y lagunas que se ofrecen en el camino, fabricándose de pieles de lobos marinos, á poca costa, en que pueden cargarse de 15 á 18 quintales, y conducirse cuatro hombres, á mas del que fuere á regresarla. Y el segundo, el que se traslade toda la gente y guarnicion que hoy existe en la isla de Juan

---

20 (Sic) Debería decir 1780. (Nota del Editor)

Fernandez, y se reuna en la plaza de Valdivia: pues siendo esta la llave de todo el reyno, á ella se debe aplicar todo el cuidado, y la mayor fuerza, siendo escusada la del presidio de Juan Fernandez, porque esta isla estará bastantemente guardada, siempre que se dé órden á los navios de la carrera que la reconozcan en los viages que hicieren de Valparaiso al Callao, y tengan cuidado de avisar, lo que en ella notasen, á este Superior Gobierno y al de Lima. Cuyo pensamiento, apoyado con el ejemplar de la traslacion hecha de la poblacion que habia en las Islas Malvinas á la bahia de San Julian, es un argumento eficaz de la conveniencia, y aun necesidad que hay de que se verifique la traslacion que propone D. Manuel de Orejuela. Sobre que V. S. con sus superiores luces resolverá lo que le parezca mas acertado y conveniente al real servicio, graduando los demas arbitrios que insinúa, segun lo exigieren las actuales circunstancias, y las que puedan ocurrir, para el mejor acierto de las expediciones proyectadas.

30. Ya que con haber fallecido el coronel D. Joaquin Espinosa, no han podido tener efecto todas las diligencias prevenidas por el Exmo. Sr. D. Agustin de Jauregui, en su carta de 20 de Agosto de 1779, concernientes no solo á conservar la amistad contraida con los caciques de Quinlchilca, Ranco y Rio Bueno, sino á adelantarla, y adelantar tambien, si fuere posible, las noticias de la verdadera situacion de los establecimientos que se pretenden descubrir, y la de los caminos mas cómodos para llegar á sus poblaciones, seria desde luego muy conveniente que el notorio celo de V. S. confiriese esta comision al sargento mayor, D. Lucas de Molina, ó á otro oficial de honor de la plaza de Valdivia, que hubiere manifestado deseo positivo de lograr el hallazgo de tales poblaciones: ordenando al Gobernador de la plaza, que lejos de poner embarazo en la práctica de estas diligencias, tan interesantes al estado, contribuya por su parte, cuanto le sea posible, dando al comisionado los auxilios que pidiere y necesitare para el desempeño de su comision.

31. En esta virtud puede V. S., siendo servido, mandar que el comisionado haga presente á los caciques amigos, por medio de Francisco Agurto, Baltazar Ramirez, ú otros emisarios de su confianza, el deseo de verles y manifestarles el agrado que han causado al Rey, á V.S., y al Gobernador de la plaza, las expresiones y operaciones, con que en el tiempo del Gobierno de D. Joaquin de Espinosa, dieron pruebas de su lealtad y verdadera amistad con los españoles; y que con este motivo procuren adelantar las noticias de los parages en que realmente existen los establecimientos de españoles y extrangeros, si los hubiere, y la de los caminos mas cómodos para llegar á sus poblaciones: aprovechando las ocasiones que se les presenten de contraer nuevas amistades, y de ponerlos en estado de que ellos

mismos rueguen por el descubrimiento de dichas poblaciones, y ofreciéndoles que, mediante su generosidad, serán bien regalados ellos, sus mugeres é hijos. Que persuadan tambien á los caciques amigos que procuren convidar á los caciques vecinos, á que hagan el mismo allanamiento y propuesta, y de este modo consigan irse internando hasta donde puedan, y purificar las noticias que vayan adquiriendo, haciéndose al propio tiempo capaces de los caminos y parages por donde pueda seguir la expedicion con mayor comodidad y seguridad, y arreglarle los alojamientos, encargando para ello á estos emisarios que demarquen con cautela los sitios y distancias, y que se informen por donde se iba antes á Chiloé, con respecto á ser uno de los principales objetos de las expediciones proyectadas, franquear la comunicacion con aquella provincia; y que importa muchísimo saber con fijeza cual sea el antiguo camino, ó el parage por donde sea mas pronto y seguro el tránsito á ella.

32. Del propio modo puede V. S. prevenir al comisionado, que en atencion á haber declarado Domingo Monte-Alegre, natural de Chiloé, que el cacique Tanamilla, distante tres leguas del fuerte de Rio Bueno, le comunicó que un chilote se hallaba cautivo abajo de Osorno en los Juncos, en un parage nombrado Poyigué, que este sabe donde estan los españoles, y que el cacique le ofreció lo llevaria, sí quisiese, á que hablase con él, á cuya propuesta asintió, pero que no lo ha vuelto á ver; proponga al mismo Monte-Alegre si se allana á reconvenir al cacique, para que lo lleve á hablar con su paisano, procurando se verifique la entrada de este español, si es que no se encuentra en ello riesgo de su vida, pues si es cierta la relacion del cacique, no hay duda que el cautivo, no solo dará razon del sitio en que existen los españoles y extrangeros, sino tambien del camino de Chiloé, y si le cautivaron los mismos indios Juncos, ó los de otras naciones mas avanzadas á aquella provincia, como de lo demas que tenga visto ó sabido, con motivo de haber vivido entre aquellos bárbaros.

33. Así mismo será conducente, qué el comisionado haga que Francisco Agurto procure que el cacique Manquemilla le cumpla la oferta que le hizo, de que haria llamar á su sobrino Antuala, que vive en las inmediaciones de la laguna de Puraylla, para que hablase con él, segun se expresa en las actuaciones remitidas por el coronel D. Joaquin de Espinosa, de resultas de la expedicion que hizo á su costa, y corren desde fojas 125, hasta fojas 140 del cuaderno 5.° Pues cuando no se adelante la adquisicion de mas claras luces de la ubicacion de los establecimientos que se buscan, se conseguirá que la expedicion pueda seguir sin mayor riesgo, y por caminos rectos ó menos ásperos, hasta la citada laguna de Puraylla, ó hasta donde alcance la correspondencia de Antuala con los caciques é indios de mas

adentro. Advirtiéndoles tambien que tengan particular cuidado de averiguar, si los indios intermedios son muchos ó no, para que V. S. en esa inteligencia, pueda determinar la fuerza que parezca suficiente: y en fin, que el comisionado empeñe su celo y capacidad, en que los emisarios ó exploradores, bien instruidos de sus prevenciones, adelanten cuanto sea posible en esta importancia.

34. Las mismas reales órdenes estan respirando la suavidad con que S. M. quiere se verifiquen estas expediciones, y por eso el principal cuidado que en ellas se ha de tener, es y debe ser, evitar el recelo y desagrado de los indios, y de todo punto el uso de las armas, á menos que no haya otro recurso para defender las vidas, repeliendo la fuerza con una defensa natural; y conseguir por medios suaves la internacion, hasta que no quede duda de si hay ó no los establecimientos que se solicita descubrir: asegurándoles de la buena fé con que se camina, y captándoles la voluntad, para que espontáneamente se reduzcan á nuestra amistad y pidan el establecimiento de misiones en sus tierras; y lograr con este antecedente la oportunidad de proponerles, ser para ello preciso que queden españoles que acompañen á los misioneros, y los defiendan de los rebeldes ó enemigos de los mismos indios.

Para consolidar la amistad con ellos, se les puede hacer presente la que los de la frontera de la Concepcion tienen trabada con nosotros: el amor y caridad con que les mira nuestro Soberano, la misma que profesa á todos los indios en general. Que no quiere, ni apetece otra cosa que el bien espiritual y temporal de todos ellos; que á este fin ha destinado en esta capital un hermoso colegio, en que sus hijos sean doctrinados y enseñados, costeando la real hacienda los maestros necesarios, para que se hagan tan sábios é instruidos como los mismos españoles; y que en esa atencion se les proponga deliberen enviar los suyos á este colegio, asegurándoles que serán bien tratados, queridos y regalados; cuyas insinuaciones no solo convendrá que las expresen á los caciques de aquella jurisdiccion los emisarios ó exploradores sobredichos, sino tambien el comisionado, el Gobernador de plaza, y aun el oficial ú oficiales á quienes se hubiere de encomendar el mando de las expediciones, el tiempo y cuando hubiese de llegar y pasar por sus terrenos.

35. Y ya que ha llegado el caso de hablar del modo y arbitrios que pueden presentarse para el logro de que estos naturales, abdicando de sí aquella ferocidad que les acompaña, y aquel odio y rencor implacable que han concebido contra la nacion española, no dejara el Fiscal de apuntar uno que le ocurre, y le parece concerniente y oportuno. Las mismas actuaciones, que comprenden estos autos, estan acreditando que los

indios de la jurisdiccion de Valdivia, y todos los de esta nacion en general, lo que aborrecen entrañablemente es considerar que puede llegar el caso de que los españoles los reduzcan á servidumbre, ó sugeten á encomiendas, como lo practicaban y practicaron luego que fundaron las ciudades de Osorno, Imperial, Villa Rica, Angól, Valdivia, Infantas y Loyola, cuya total destruccion provino del deseo que asistia á los subyugados de verse libres de esta especie de esclavitud. En las propias actuaciones habrá notado V. S. que aun subsiste en el ánimo de los indios, muy vivo el recelo de caer en ese infortunio, y que por eso han soltado una que otra expresion relativa á estos puntos, ya diciendo que los españoles son muy temerarios y tiranos, y ya que los han de hacer esclavos, ó sugetarlos á encomiendas, si se juntan con los Aucahuincas que se salvaron del asedio de la ciudad de Osorno.

36. No es este tema nuevo en los indios de Chile, sino muy antiguo, y viene de muy atras. Prueba de ello son los pasages ocurridos al Padre Luis de Valdivia[21], el año de 1613, con los caciques é indios de la frontera de la Concepcion. Viendo la Magestad de nuestro Católico Rey D. Felipe III., lo poco que aprovechaban los medios de la fuerza y del rigor para sugetar á los indios chilenos, que tan soberbios é insolentes se hallaban con las victorias que habian tenido, y con la toma y ruina de las ciudades que nos destruyeron, se dignó resolver, que totalmente se mudase de estilo en esta conquista, y que dejando del todo la guerra ofensiva, se redujese solo á la ofensiva: considerando que por este medio se reducirian los indios mas facilmente á la Fé, y la recibirian con mas amor y aplicacion, viéndose libres del tumulto, y ruido de las armas, para lo cual se valió de la prudencia, celo y eficacia del citado Padre Luis de Valdivia, religioso de la extinguida compañia de Jesus, eligiendo por Gobernador á D. Alonso de Rivera, que á la sazón lo era del Tucuman, y antes lo habia sido de Chile. Luego que este religioso llegó á la Concepcion, empezó á tratar con los indios de guerra, de los medios de la paz que de parte del Rey les ofrecia, dando principio por las naciones cercanas, que eran las de Arauco, Tucapel y Catiray, á quienes envió los mensageros que tuvo por convenientes. Noticiosos los indios de esta novedad, resolvieron se hiciese una junta con el Pa-

---

21 **Luis de Valdivia** (1561-1642), religioso español que participó en el proceso de conquista y evangelización de los territorios chilenos. Llegó a Chile en 1593 y participó en la pacificación de la Araucanía. Intentó abolir el servicio personal de los indios para evitar abusos y hostigamientos que se cometían contra ellos. Al no cumplirse las disposiciones reales sobre la cuestión indígena, partió al Perú, llevando su manuscrito de gramática y lengua araucana. En 1612, de regreso en la Araucanía, recorrió la frontera, firmó pactos amistosos entre indígenas y españoles, pero su plan fracasó. La mayoría de los misioneros fueron asesinados. (Nota del Editor)

dre Luis en Nancú, lugar que está en medio de todo Catiray, para que allí se tratase del negocio propuesto, y de los conciertos de paz y amistad que deseaban; á cuyo fin se habian congregado diez parcialidades.

37. Habiendo el Padre resuelto su salida, y llegado al lugar en que le esperaban los caciques, se echaron sobre sus brazos, mostrando gran contento de su llegada á aquellas tierras, y tomándole de la mano Guayquimilla, que era el mas principal de ellos, se la besó en nombre de todos los demas, y le hizo un elegante razonamiento, diciendo que "de su alegre venida no solamente estaba regocijada la gente á quien llevaba tan grande bien, pero que los mismos brutos animales, las yerbas, las flores, las fuentes y los arroyos saltaban de placer y contento." Despues de estas primeras cortesias, se sentaron á razonar y discurrir sobre las materias de las paces; y entre otras razones, dijo uno de los tres caciques: –Padre, todos los indios principales desean la paz, aunque el pueblo y los soldados no se pueden persuadir de que los españoles la quieren y la desean. A que replicándole el Padre: como podia ser eso, cuando el Rey lo habia enviado solo á ese fin, por el cual se habia arrojado á los peligros de tantos males, hasta llegar á sus tierras; y que eso mismo, y no otra cosa, pretendian el Sr. Gobernador, los Maestres de campo y capitanes? Respondió el cacique: –"No dudo de eso que dices; lo que se duda es que los españoles quieran paz, que sea paz. Bien sabemos que gustarán de la que llaman ellos paz, y yo no la tengo por tal, que es que nosotros nos rindamos, y nos sugetemos á ellos, y les sirvamos como á nuestros amos y señores; y esto no es paz, sino ocasion de las inquietudes, perturbaciones y guerras, que hemos tenido hasta aquí. Paz es la que tienen los españoles entre sí, y la que tienen los indios entre nosotros, gozando cada uno de su libertad, y de lo que tiene, sin que ninguno se lo quite, ni quiera mandarle, ni tenerlo debajo. Esto llamamos paz, y esta la abrazarémos muy de corazon. Pero si no tratas de esta paz, y quieres la que los españoles llaman paz, no verás que la admitamos mientras el sol gire por el cielo."

38. Vea ahora V. S. si es nuevo en los indios el sistema de resistir toda especie de servidumbre y sugecion al español. Ninguna otra cosa aborrecen mas, que el hecho de privarles de la natural libertad con que todos nacemos, y así quieren gozar de la misma que disfrutan los españoles entre sí, y los mismos indios unos con otros. Por lo que parece al Fiscal que el remedio eficaz, de que los naturales de la jurisdiccion de Valdivia, y demas que residen tierra adentro hasta el estrecho de Magallanes y Cabo de Hornos, se reduzcan, será proponerles que gozarán de una total libertad, sin que jamas llegue el caso de que se les reduzca á esclavitud ó encomiendas; y que tampoco se les pensionará con tributos, ni otros pechos, aunque sea

dispensado la disposicion de la ley 9, tít. 4, lib. 4 de las Recopiladas de estos reynos: previniéndoseles que serán tratados como los mismos españoles, sin diferencia alguna, pues son vasallos de un propio soberano, cuya real benignidad ha tenido á bien adoptarlos por tales, y recibirlos bajo de su poderosa proteccion y amparo.

39. Ni este pensamiento puede oponerse en manera alguna á la política que hasta aquí se ha observado con esta nacion, porque atendiendo á que los del reyno del Perú reconocian á los Incas por sus soberanos y reyes, y les pagaban sus contribuciones en prueba del vasallage que les rendian, como no ha sucedido esto así con los del reyno de Chile que residen tierra adentro, no parece disconforme que, aunque á aquellos se le pensionase con el tributo que señala la ley, se dispense con esta semejante contribucion, una vez que, segun nos cuentan las historias, los emperadores peruanos, no llegaron, ni pudieron pasar con su conquista, de la tierra de los Promocaes, y rio caudaloso de Maule, que divide la provincia de este nombre de la de Cauquenes, por la ferocidad y braveza de los que habitan en esa parte hácia el sur; quedando el rio señalado por términos del imperio, de órden de Yupanqui, décimo Inca de aquella dinastia. Con que, si es constante que los indios no reducidos, que son los que hay desde el caudaloso Rio Bio-bio, para el sur, hasta el estrecho y costas patagónicas, no reconocen otro soberano ni rey (á excepcion de algunos amigos de la frontera), que á sus caciques particulares, sin retribuirles pension alguna en señal de vasallage, no seria desde luego extraño que se les tratase de la paz y amistad con los españoles, con el pacto de las insinuadas excepciones; practicándose lo mismo con los de la frontera de este reyno, á fin de que se vayan domesticando, y viendo que nuestras ofertas son ciertas, y nuestra amistad sincera, se procuren españolizar, casándose indios con españolas, y españoles con indias, á cuyo propósito seria oportuno autorizar á los de una y otra nacion.

40. Los felices principios, que por efecto de la Providencia, facilitaron la adquisicion del terreno en que hoy se halla situado el fuerte de Rio Bueno, y establecida la mision que con instancia pidieron sus caciques, en la cual se han percibido ya los frutos que manifiesta el plano de fojas 47 del octavo cuaderno, dan sin duda fundada esperanza de que no acaso se han logrado estas ventajas en cerca de siglo y medio que no se oia la voz del evangelio en aquellas tierras, y de que el Altísimo quiere ya dispensar los arbitrios de que nuestra sagrada religion se plantifique en un terreno, cuyos habitadores se han mostrado hasta aquí contrarios nuestros; y prometen al mismo tiempo unos agigantados progresos en la importante empresa de descubrir las poblaciones que han motivado la resolucion de las

expediciones de que se trata; y así seria desde luego reprensible delante de Dios y del mundo, sacar del seno de la barbarie la semilla de la verdadera doctrina que acaba de sembrarse con arreglo á los dogmas de la religion, y á las soberanas y muy piadosas intenciones de nuestros Católicos Monarcas, que solo han anhelado con religioso celo las conquistas espirituales; lo que forzosamente sucederia si se adhiriese á las repetidas instancias que ha hecho el actual Gobernador D. Pedro Gregorio de Echenique, sobre que se quite y destruya el mencionado fuerte, sin mas fundamento que los recelos y desconfianzas que le asisten de la infidelidad de los indios que lo pidieron, haciendo con esto retroceder el estandarte de la fé, cuando todos estamos constituidos en la gloriosa obligacion de llevarlo, y propender á que se conduzca hasta las extremidades de la tierra.

Por estas justas consideraciones que trascienden á las utilidades del estado, no debe mirarse con indiferencia lo que se ha ganado sin violencia, por lo que es indispensable aplicar el hombro á mantener aquel puesto, y sin perjuicio de una prudente economia, sostener, aunque sea á mas costa, la guarnicion que en él se halla, y aun aumentarla, segun se reconozca por los informes del comandante y del Padre Misionero, de la disposicion de ánimo de los caciques; previniéndoseles con anticipacion y sagacidad, que en prueba del aprecio que ha hecho Su Magestad de la voluntaria oblacion que le hicieron de aquel terreno, se ha dispuesto remitir algun número mas de hombres que los defiendan de sus contrarios.

41. El actual Gobernador, no acomodándose á lo que su antecesor practicó en desempeño de su cargo, funda su instancia para la destruccion del fuerte antedicho, no solo en sus recelos y desconfianza de los indios, sino tambien que estos continuan en su idolatria y vicio de poligamia, igualmente que en los pocos ó ningunos progresos que ha hecho la mision allí establecida. Y aunque acerca de esto último nada tiene que decir el Fiscal, sino poner á la vista de V. S. el plan presentado á fojas 47, por el Reverendo Padre procurador general de estas misiones: pero en cuanto á lo demas, no puede menos que recordarle la memoria de lo que dispone la ley 2, título 4, libro 4 de las Recopiladas de estos reinos. En ella verá V. S. cuanta es la prudencia que se previene para semejantes casos, y cuanto conviene la suavidad, y el que no se quiten á los indios las mugeres, ni los ídolos, á fin de que no se escandalicen.

42. Y no solo convendrá que se mantenga este fuerte en Rio Bueno, sino tambien que se construyan otros dos ó tres, con cuyo respeto se sostenga el que existe fabricado á instancia de los mismos caciques, bien sea en la inmediaciones de Osorno, ó no muy lejos de la provincia de Chiloé, como lo propone el sargento mayor D. Lucas de Molina, en el informe que

dió con fecha de 30 de Marzo de 79, y consta á fojas 10 del octavo cuaderno, ó en los parages que se consideren á propósito: reencargándose muy particularmente al actual Gobernador la subsistencia, amparo y refaccion del que se halla construido en Rio Bueno, por las ventajas que promete igual avanzado establecimiento de nuestros españoles.

43. Y descendiendo al punto del allanamiento del antiguo camino de Osorno, para facilitar la comunicacion de la plaza de Valdivia con la provincia de Chiloé, y de la reedificacion de la ciudad perdida del mismo nombre de Osorno, á que tambien se dirigen las expediciones proyectadas, halla el Fiscal, que lejos de perjudicar en lo mas leve á los indios, les traen, por el contrario, evidentes ventajas y utilidades. Ellas son bastantemente visibles, y no pueden esconderse aun al mas intonso, porque no es posible haya prudente á quien se ofresca el pensamiento de que conviene á estos infieles continuar en su infidelidad, y vivir despojados de todos los beneficios que trae consigo la sociedad, y la vida civil y cristiana. Si se mantienen en el estado mismo que ahora se vé, á mas de no gozar de los benéficos efectos de una instruccion política, pierden de contado aun la esperanza de la vida eterna, que es lo mas precioso y apetecible. Con que debe concluirse, que si alguna razon de conveniencia hay en la apertura del mencionado camino, y reedificacion de la antigua ciudad de Osorno, es muy principalmente aplicable á los indios que residen en aquella jurisdiccion.

44. Bien ve el Fiscal que nada de esto podrá verificarse, sin una vigorosa oposicion de los mismos indios, que, llevados de aquel rencor que profesan á nuestra nacion, y del concepto que han formado de que los españoles, si vuelven á poblar sus tierras, los han de reducir á servidumbre ó encomiendas, como antes lo hacian, lo resistan. Pero si con anticipacion se les advierte que iguales resoluciones y establecimientos se dirigen á su propio bien, por guardarlos de que les insulten los enemigos de la corona de España; y que quedarán gozando de su propia libertad, sin que español alguno les pueda obligar á servir, ni impedirles su libre albedrio, con las otras insinuaciones que quedan referidas en los párrafos 35, 39 y 40, le parece que no será tanta la oposicion, pues al cabo tienen alguna luz de razon, con que no pueden dejar de distinguir la realidad de su propia conveniencia.

45. Y cuando estas insinuaciones no les moviesen al voluntario allanamiento, siempre seria justo se verificase la apertura del camino y reedificacion de la ciudad, porque nuestros católicos monarcas tienen legítimamente fundado su supremo dominio, aun en las tierras que se hallan

ocupadas y pobladas por los indios; pues siendo ellos tan bárbaros, incultos y agrestes, que apenas merecen el nombre de hombres; y necesitando por lo mismo de quien, tomando su gobierno, amparo y enseñanza á su cargo, los reduzca á vida humana, civil, sociable y política, para que con esto se hagan capaces de poder recibir la fé y religion cristiana, una vez que nuestros mismos soberanos han tomado sobre sí este cargo, no debe dudarse de la legitimidad con que se intenta la sobredicha reedificacion, con ese laudable objeto, aun prescindiendo de los otros muchos títulos que legalizan aquel supremo dominio, y no refiere ahora el Fiscal, por ser constantes á V.S., y notorio á todo el mundo, á pesar de la envidia de los extrangeros y hereges que han querido disputarlos.

46. Y si la egecucion de uno y otro proyecto es útil y ventajosa á los indios, segun va fundado, no lo es menos para la nacion española, y para el estado todo, pues sus resortes son necesariamente la mayor seguridad del reyno, sus plazas y fortificaciones, y el remedio de que las de Valdivia y Chiloé se provean de cuanto necesitan para subsistir, siguiéndose de aquí los ahorros de la real hacienda, y el aumento de ella, con adelantarse los comercios.

47. Sobre estos dos puntos tiene ya V. S. mucho avanzado, porque en el expediente formado sobre la apertura del antedicho camino de Osorno, aparece la empeñosa instancia que el año de 1763 hizo el vecindario de la provincia de Chiloé, ofreciéndose allanarlo y romperlo á su costa, con tal que se les diese el auxilio de la tropa necesaria. Con esto hay ya un principio de mucha consideracion, para verificar el proyecto, que siendo tan importante y útil al estado, igualmente que á la poblacion de Chiloé, debe llevarse á puro y debido efecto, teniéndose presente el informe que el Gobernador y Cabildo hizo sobre este asunto en 6 de Febrero de 1753, y corre desde fojas 26 hasta fojas 33 del precitado cuaderno, señalado con el número 98.

48. Allí se asienta, que será mejor y muy ventajoso se reedifique la ciudad en la costa, con el fin de que, en el caso de ser insultada por los enemigos de tierra, pueda, con facilidad ser socorrida de la provincia de Chiloé en piraguas, y de la plaza de Valdivia en sus lanchas: y desde luego este pensamiento está conforme con lo que dispone la ley 2, título 5, libro 4 de las Recopiladas de estos reynos, en que se previene, que las tierras que se hubieren de poblar, tengan buenas entradas y salidas, por mar y tierra, de buenos caminos y navegacion, para que se pueda entrar y salir facilmente, comerciar y gobernar, socorrer y defender; pues estando tierra adentro, se haria mas difícil, por ser mas forzoso á los socorros abrir camino con las

armas, y mucho aumento de estas para la seguridad de las escoltas y bageles que quedasen en el puerto aguardando las resultas. Y sobre el reparo que pudiera hacerse, de que estando la poblacion en la costa se expondria á los insultos del enemigo de Europa, responde muy bien el Cabildo: esto es, si donde hubiere de hacerse hay puerto capaz de fondear navios, por la misma razon conviene que allí esté la ciudad, para guardarlo y defenderlo, y no dar lugar á que el enemigo se apodere de él: y si no lo hay, está desde luego libre la poblacion de este recelo, pues eso mismo será causa de que no se arrime á la costa; mayormente reinando en ella en los mejores tiempos del año la travesia que les obligará hacerse á la mar, ó á perder sus embarcaciones. Por cuyas razones contempla, y con bastante fundamento, que la poblacion se haga y verifique en la costa, en que ademas sus vecinos podrán disfrutar del beneficio del pege y marisco.

49. Del mismo modo parece oportuna la construccion de un fuerte á la entrada del camino por la parte de los indios Juncos, el cual ha de ser la puerta y seguridad del de aquella provincia, por donde todos han de pasar, y los socorros y escoltas; y hacer mansion segura para seguir jornada, así los que salgan de la provincia para la ciudad, como los que vayan de ella á la provincia. Y tambien es indispensable que se fabrique otro fuerte en el parage donde se fundase la ciudad, para que á su abrigo esté y duerma el vecindario con el correspondiente seguro, é igualmente otros que se consideren precisos, conforme á lo dispuesto por la ley 7.ª del precitado título y libro, segun el conocimiento que se adquiera de aquellos terrenos, con la idea de que sea perpetua la poblacion, y el camino expresado. A cuyo propósito deberán los fuertes proveerse de la correspondiente tropa y armas; á que podrá contribuir en gran manera la guarnicion destinada á la isla de Juan Fernandez, en el caso de que se disponga su translacion, como oportunamente lo ha propuesto el capitan D. Manuel de Orejuela, cuyas producciones en cuanto á estos puntos, reproduce el Fiscal enteramente, para que V. S. haga de ellas el uso que su perspicaz penetracion y consumada pericia militar tuviese, por mas acertado y conveniente. Añadiendo que desde ahora contradice una y muchas veces el que los españoles, que hubiesen de entrar á abrir el camino y poblar la ciudad de Osorno, hagan á los indios el mas leve daño, ni les tomen cosa ninguna de sus bienes, haciendas, ganados ni frutos, sin que primero se les pague, y dé satisfaccion equivalente: procurando que las compras y rescates sean á su voluntad y entera libertad; y pide que sean castigados aquellos que les hicieren mal tratamiento ó daño, como expresamente lo previene la ley 8.ª del antedicho título y libro de las Recopiladas de estos reinos.

50. Conoce el Fiscal que las circunstancias actuales de la presente guerra con la nacion británica, lo exhausto del real erario, la necesidad de mantener reforzadas las plazas y presidios de este reino, y las inquietudes de él del Perú, de donde deben venir los correspondientes auxilios, pueden entorpecer la ejecucion de las expediciones proyectadas: pero si V. S. reflexiona, que aun despues de declarada la guerra se expidió el real órden, fecho en San Ildefonso, á 6 de Setiembre de 1779, que se halla á fojas 3 del expediente seguido por el capitan D. Manuel de Orejuela, sobre la asignacion y goce de su sueldo, en que se le mandó saliese inmediatamente de la corte, y se pusiese en marcha para esta ciudad á cumplir la comision conferida á esta Capitania General, verá que la real voluntad es, que se verifiquen dichas expediciones, aun en estas propias circunstancias, aunque sin noticias de las citadas revoluciones del Perú, que han inferido tan crecidos gastos á la real hacienda. Sin embargo de lo cual, como sobre este asunto debe V. S. entenderse con el Exmo. Sr. Virey, en conformidad de la enunciada real órden de 29 de Diciembre de 1779, puede, siendo servido, hacerle la correspondiente consulta, y proceder de acuerdo con S. E. en la deliberacion de este importante y grave negocio; que, en sentir del Fiscal, seria mas fácil y expedible si pudiesen verificarse las reales intenciones, y la solicitud de los establecimientos que se desean descubrir, por medio de algunas embarcaciones pequeñas que navegasen por alguno de los rios que desembocan en el mar y costas de Chiloé. Sobre todo, V. S. con sus acendradas luces, resolverá lo que le parezca mas acertado y conforme á las soberanas intenciones de Su Magestad. Santiago, 31 de Julio de 1782.

DR. PEREZ DE URIONDO.

Segunda parte de la "Descripción histórico-jeográfica del Reino de Chile"[22]

Capítulo XXXVIII. Imajinaria colonia de los Césares.

Es común en Chile la creencia en la existencia de una colonia española ubicada en la división del obispado de la Concepción, de que hemos hablado, cuyo orijen se atribuye a unos náufragos. Don Matias Ramírez, acérrimo ceramista i vecino de la ciudad de Valdivia, me llenó el cerebro de fábulas acerca de ella. Me decia haber fidedignas relaciones de que eran hombres mui civilizados, que poseian el conocimiento de las principales ciencias i el uso de todas las artes así mecánicas como liberales. Describia una república bien ordenada i gobernada por leyes mui sabias. Les suponia aislados en los cortos ámbitos de una espaciosa ciudad inexpugnable, tan rica, que las campanas, enrejados, clavazón, cerraduras i muebles de sus casas eran de plata. I finalmente, que no se podia dudar de su existencia, porque algunos indios que habían oido el sonido de sus campanas, el estallido de su artillería, i que habian visto su ropa blanca tendida sobre la ribera del rio que baña sus muros, le habían suministrado estas circunstanciadas noticias, dando su ubicación en los Andes i en el distrito de la nación de los tehuelches. Pero yo, aunque sorprendido de la novedad i admirado de que unos miserables náufragos pudiesen haber establecido en tan poco tiempo una colonia, no ménos rica que poderosa, en el centro de la misma barbarie, i rodeados de hombres insidiosos que, revestidos de la crueldad, miran con odio implacable a todo extranjero, si no acerté por aquel entonces a suspender el juicio, al ménos no creí desde que entré al uso de mi razón i pude medir el peso de las razones que hai para dudar de su existencia; depuestas las supersticiones de que me tenia imbuido el

---

22 Nótese que en esta parte la grafía es diferente de la anterior. En este caso, también se ha optado por mantener la grafía original. (Nota del Editor)

buen don Matias, me negué a prestarle asenso i me propuse adquirir mejores noticias, i jamás logré otras que las referidas por el padre Alonso de Ovalle en su *Historia de Chile*, fundadas todas *ínfiden parentum*, i no mas. I cuando después se han divulgado algo mas circunstanciadas, todos los motivos de credulidad han estribado en la autoridad de uno i otro indio, que, además de la falta de discernimiento i de verdad que se experimenta en todos los ocursos con aquellos indios, tienen contra sí la diversidad i notable discordancia de sus relaciones, sin que las que hasta hoy he oido, convengan en otra cosa que en la del punto principal de su existencia.

La combinación de estas infundadas noticias produjo en mí el desprecio de este negocio; lo gradué de patrañas de los indios i abandoné el empeño de encontrar la verdad; pero habiéndose suscitado en la ciudad de Valdivia, el afeo pasado de 1780, la misma especie con tales circunstancias de su certeza, que dió mérito a que se levantasen autos para informar con ellos a la corte, me dediqué con el empeño posible a buscar en las antigüedades de Chile algunos documentos que al menos hiciesen probable la existencia de la pretendida colonia; de la que nada sabemos con evidencia, si no es el que los patronos de esta opinión le dan por fundador a don Sebastián de Aquello, suponiéndolo jefe de las naves enviadas por el Exmo. señor don Gutiérrez de Vargas, obispo de Placencia, en demanda de las islas Molucas. Tambien suponen haber naufragado todos en el estrecho de Magallanes, gobernando la España el invicto Carlos V, de donde les viene a los supuestos colonos la denominación de Césares, i en verdad que he hallado algunas relaciones.

1.ª La del padre jesuita Diego Rosales[23], varón de buena recomendación por su literatura, por su virtud i por los honrosos cargos que ejerció en su relijión, hasta el de provincial de la provincia de Chile. Escribió la *Conquista espiritual de Chile* por los años de 1666, en la que se halla la relación siguiente:

"De algunos clérigos que trabajaron en la conversión de los infieles de Chile."

"Sean los primeros tres sacerdotes por haber sido los primeros que en el reino de Chile predicaron el santo evangelio i bautizaron muchos indios infieles, cuyos nombres no se saben. A estos envió el obispo de Placencia en un navio, en tiempo del emperador Carlos V, a reconocer el Estrecho de Magallanes; i de dos navios que vinieron, el uno pasó

---

23 **Fray Diego Rosales** fue uno de los misioneros jesuitas empeñados en la pacificación de la Araucanía. Fue además, el primer religioso que llegó a las costas del Nahuel Huapi, desde Chile, en el año 1650. (Nota del Editor)

felizmente el Estrecho, i el otro, combatido de una furiosa tempestad, dió al través veinte leguas adentro, i haciéndose pedazos en las peñas, salió a la playa la gente, a Dios misericordia. Escaparon de la tormenta 160 hombres de los destinados a poblar, tres clérigos, alguna gente de mar i veintidós mujeres casadas.

El peligro de la vida, la pérdida i los gemidos i lágrimas, aunque fueron grandes, se fueron cada dia aumentando mas viéndose en una tierra desierta, cercada de una parte por un inmenso mar, i por otra de unas altísimas sierras nevadas, i una cordillera sin camino ni senda, mas que unas peñas cubiertas de nieve. Bien tuvieron que hacer los tres sacerdotes en consolar tanta gente, perdidas las haciendas, en tierra tan yerma, sin embarcación para volverse a sus tierras o buscar algunas habitadas de gente; cubiertos todos de un mortal desconsuelo i desnudos de los vestidos, que las olas del mar, con quienes pelearon, escapándose de su furia a fuerza de brazo, les quitaron por despojos de la batalla. Sacaron del navio perdido alguna comida, que se repartia con mucha medida i con el tiento que la necesidad pedia. Hicieron para su reparo i el de sus personas, algunas tiendas, de las velas que pudieron recoger; i en aquella tierra frijidísima i en extremo áspera, pasaron algunos meses. Hicieron un barco que fuese a pedir socorro al Perú, que Chile aun no se habia poblado, i fué su ida hermano, porque no llegó a ella.

"Con que viéndose toda esta gente sin qué comer, sin abrigo, sin comunicación de indios i sin embarcación con que buscar algun puerto, entraron en consejo, i determinaron ir en busca de alguna tierra habitable, porque aquella, por su aspereza de cordillera i por la continua nieve que caia, era inhabitable. Treparon por aquellas penas rompiendo la nieve, i traspasando montes, hallaban dificultades a cada paso, porque caminaban doscientas personas, que escaparon todas del naufragio; desnudas por entre la nieve, descalzas por entre peñas vivas, exhaustas de la hambre, traspasadas de los hielos, desfallecian los mas robustos i se desanimaban los mas animosos, al ver que cuanto mas montaban las alturas de aquellos montes, descubrian otros mas empinados, que tal es la fiereza de estos montes gigantes de la cordillera de Chile, que puestos unos sobre otros asombran con su grandeza i se hacen sombra los unos a los otros, levantándose sobre las nubes i mirándolas desde lo alto como una sombra. Aquí se quedaba la mujer flaca sin poderoso menear; allí se clavaba entre la nieve el hombre mas robusto, pidiendo confesión. Animábamos el capitán, que se llamaba Sebastián de Argüello, i a él i a los demás los tres sacerdotes con palabras del cielo, i con la esperanza de que, no desfalleciendo, encontrarian tierra habitable i gente que les socorriese en la necesidad en que se veian.

"Así caminaron siete dias, pasando montes de nieve i cerros encumbrados sobre las nubes, cuando descubrieron desde lo alto tierra, llana, que fué para ellos tierra de promisión. Caminaron alegres, llevando ya cuesta abajo las dificultades, pero mas cuesta arriba el hambre i el sufrimiento. I cuando se vieron en el llano, que es como un mar de llanura, que corre mas de 300 leguas hácia Buenos Aires, Tucumán i Paraguai, se marearon, no sabiendo a dónde ir ni por dónde discurrir en tierra tan sin curso, ni camino. No era esta la menor dificultad, pero a pocas jornadas encontraron gente que habiéndolos divisado, desconocido el traje, personas nunca vistas de aquel color en aquellas tierras, salieron con sus arcos i flechas, con sus dardos i porras a pelear con ellos; mirándolos como enemigos por no verlos de su nación, ni traje, que era el de nuestros primeros padres, embarrado el cuerpo con tierra colorada i el rostro de tierra, blanca. Pusiéronse en arma los españoles viéndolos venir, prepararon las bocas de fuego que llevaban, i con ellas mataron algunos indios i los demás huyeron de espanto. Procuraron hacerse amigos con ellos i darles a entender, aunque no se entendian, no venian a hacerles mal, sino a buscar donde vivir. Hicieron un fuerte i una ciudad, que comunmente se llama la ciudad de los Césares, por haber venido en tiempo del César estos españoles a Chile i sido los primeros que poblaron en él i fundaron ciudad, la cual en parte tan retirada i escondida. Que aunque se han hecho algunas diligencias por descubrirla; todas han sido en vano; pero se ha sabido de ella por los españoles que vinieron a la ciudad de la Concepción, pasando todos los llanos i la cordillera por Villa-rica i atravesando toda la tierra de guerra.

"Lo particular que aquí tengo que tratar, es lo que hicieron aquellos tres sacerdotes, que fué poner en forma i política cristiana a aquella primera ciudad de Chile, i aconsejar a los vecinos de ella que viviesen como cristianos, para dar buen ejemplo a aquellos bárbaros, i que no les hiciesen mal ninguno, ni agravios, pues eran señores de sus tierras, sino que con buenas obras i con regalos les procurasen ganar la voluntad sin hacerles guerra, si: la estera necesidad de defenderse no les obligase a ello. Así lo hicieron, conque ganaron la voluntad de los indios, i para obligarlos mas, les enviaron algunos indios e indias que les habian cautivado en las primeras refriegas, dándoles a entender cómo su intento no era hacerles mal, sino tener amistad con ellos i servirlos en cuanto pudiesen. Conque los bárbaros se les hicieron amigos. Les proveyeron de comida i de semillas para sembrar, i ellos les dieron de las cosas que habian llevado, feriándose unos con otros i trabando amistad. I como estos indios tuviesen guerra con otros que estaban mas adelante, les ayudaron a castigarlos, i viendo que tenian gente poderosa que les defendiese, se hubieron de hacer amigos con ellos, por escusar muertes i cautiverios.

"Con las amistades que hicieron con aquellas gentes, creció la comunicación i muchos indios e indias se les vinieron a entrar por las puertas, aficionados de su buen trato, i les servian; i creciendo el número de las indias i estrechándose mas de lo lícito la comunicación con ellas, les dijeron los sacerdotes la ofensa tan grande que hacian a Dios en mezclarse con infieles, i sobre esto les predicaron con gran celo, reprendiendo el vicio de la carne i aconsejándoles que, pues que ya estaban accidentados allí no tenian esperanza de ir a otra parte por mar ni por tierra, ni habia ciudad de españoles que supiesen, ni por donde ir a ver a los suyos, que se casasen con las indias; que con eso evitarian la ofensa de Dios, tendrían grato a los indios, afianzarian su amistad con el parentesco i tendrian con que ocurrir a la flaqueza humana. Pareció bien a todos, i para dar ejemplo a los demás, fué el primero que se casó con una india, hija de un cacique, el capitán Argüello, i los demás fueron haciendo lo mismo, catequizando los tres sacerdotes a las indias i bautizándolas para que, entrando por la puerta de la iglesia, recibiesen los demás sacramentos i celebrasen el del matrimonio.

"Con la paz que tenian con los indios, salian los sacerdotes a misiones por aquellas poblaciones de los indios; dábanles a conocer a su Criador, predicables a Jesucristo, plantaban cruces en todas partes, i los indios recibian la fe con grande humildad, porque no es gente de guerra, ni tiene dioses falsos i sin mucha dificultad cree lo que se le predica. Bautizaban por todos aquellos pueblos muchos millares de almas; venian a la ciudad a bautizarse i a aprender los misterios de nuestra santa fe, i fueron estos indios de los Césares los primeros que la recibieron en Chile, i estos sacerdotes, los primeros que la plantaron con espíritu apostólico i celo de la conversion de los infieles, llevándolos Dios a aquellas tierras tan remotas i ocultas, por caminos tan singulares i medios tan escondidos para la salvación de aquellas almas; pues cuando iba su navio viento en popa, en descubrimiento de otras tierras, les hizo Dios amainar las velas con la tormenta i los dejó en aquellas para salvar a muchos que allí tenia predestinados desde su eternidad.

"Mucho fruto hicieron en los indios i mucho en los españoles, siendo todo esto su consuelo espiritual, estableciendo las confesiones i demás usos i obligaciones eclesiásticas, i reprendiendo los vicios con sus sermones, para que todos viviesen ajustados a Dios. I habiendo muerto los dos clérigos, el tercero que quedó, viéndose ya viejo, instruyó a un mancebo de buena habilidad i prendas en todas las ceremonias de la iglesia, para que, cuando él muriese, le sucedíese en el oficio de cura, i en todo aquello en que pudiese ejercitarse sin órden sacro; i ya que le tuvo bien enseñado e instruido, juntando el pueblo en la iglesia, le dijo, que como él estaba ya viejo i cercano a la muerte, i ya que no podia ordenar a aquel mancebo virtuoso, por ser propio de los obispos, que le dejaba en su lugar enseñado en todas las ceremonias eclesiásticas, para que supliese sus veces i ejercitase por su ausencia todas las acciones que no requerian órden sacerdotal, i que sin él se podian hacer a falta de sacerdote. I porque hubiese alguno que de oficio i conciencia acierto las ejerciese, le habia enseñado i escogido por su buen natural, conocida virtud i claro entendimiento; que hiciesen cuenta que en él tenian un cura para los bautismos, entierros, procesiones, i para los matrimonios, que a falta de párroco los podía hacer clandestinos, pero que, para conformarse mas con la iglesia, los podrian hacer ante él como testigo de mayor excepción; i que para el juzgado de las causas eclesiásticas, que sin órden sacro se podia ejercitar, recurriese a él con sus dudas i pleitos; que de aquella suerte les proveia de cura en la mejor manera que podia; i así que le mirasen i respetasen como a tal, porque se conservase en ellos la fe i religión cristiana, hasta que Dios fuese servido de proveerles, por algun camino, de sacerdotes; i que les encargaba el temor de Dios, la pureza de la religión, la paz entre sí, el buen tratamiento de los indios i el celo de hacerlos cristianos, procurando atraerlos i hacerlos a nuestras buenas costumbres i religión, i no dejándose llevar de ellos de sus vicios i ritos gentilicios. Murió poco despues este buen sacerdote i apostólico varón, cargado de merecimientos, i súpose todo esto de los dos españoles que de aquella ciudad vinieron."

2.ª La que se halla en el memorial de Silvestre Antonio Diaz de Rojas, que haciendo relación de las situaciones del Payen, cerro de los Diamantes i otras minas, concluye diciendo... "hasta llegar cerca del mar, donde está situada la ciudad de los Césares, que tiene al poniente i norte los cerros de la cordillera, i al sur el mar".

3.ª La declaración que hizo un indio prisionero del teniente coronel don Juan Antonio Garreton, en el ataque que los nacionales de esta division le hicieron sobre la ribera septentrional del Rio Bueno el 27 de Enero de 1759, cuyos puntos sacados a la letra, es los que siguen:
"Que es de la parcialidad de Conpuye donde habia quinientos hombres de armas del cacique Inhale. Que se hallaron en el ataque siete mil indios de varias parcialidades, bajo las órdenes del general Gaditano. Que hai varias poblaciones de españoles en la de Concoleb, al sur del lago de Puyehue. Que el camino es al sudeste de Rio Bueno, sin rios ni montes, i que la cordillera se tramonta por un boquete que abre el rio Puyehue, i últimamente que hai pocos indios."

4.ª La de don Ignacio Pinuer, primer comisario de naciones es la siguiente[24]: –"Habiendo desde mis primeros años girado el poco comercio

---

24 El autor reproduce a continuación el texto de Pinuer consignado anteriormente, con algunas modificaciones. Se ha creido oportuno mantener esta larga cita a los efectos de respetar la edición original. Asimismo, cabe consignar que la grafía es diferente en ambos textos. (Nota del Editor)

que ofrecen los indios comarcanos i de la jurisdicción de esta plaza, me fuí internando i haciendo capaz de los caminos i territorios de los indios, i especialmente de sus afectos i aliados. Con este motivo tenia con ellos conversaciones públicas i secretas; confiando de mí sus mas recónditos secretos que me fiaban, procuré adquirir o corroborar la noticia que, ya como sueño, oia en esta plaza entre mis mayores. I haciendo como que no preguntaba, sí que como cierto suponia, procuraba introducirme en todas partes para adquirir lo que deseaba. Tuve la suerte, muchas veces, de que los sujetos de mayor suposición entre ellos, me fiasen un punto tan sigilado, encargado de sus mayores como asunto de que dependia la subsistencia de su libertad.

"Esta es la de una ciudad grande de españoles (no de *Césares*, de que hablaré a su tiempo); mas no satisfecho con lo que éstos me decian, procuraba siempre indagar la verdad, reservando las noticias antecedentes i confrontando unas con otras; i hallándolas en un todo conformes, ardia mas el deseo de su confirmación. Para esto tomé el medio adecuado al genio indio, de contarles lo mismo que de ellos sabia, suponiendo que eran noticias que sabíamos todos los españoles por Buenos Aires, a quienes les habian comunicado o revelado los indios pampas por vengarse de los huilliches, a causa de una guerra cruel que con ellos habian tenido; pero que los de Valdivia, aunque las sabian de tiempo inmemorial, las despreciaban o se desentendian, temiendo que el rei intentase sacar a aquellos rebeldes de su situación, i en tal caso experimentarian los Valdivianos aquellos rigores que trae consigo la guerra, i que ellos alcanzan a conocer con su mucha pericia i valor, i saben discernir. Oida esta expresión por ellos, irritados contra los pampas, prorrumpieron en baldones contra ellos i declaraban afirmativamente que era cierto habia tales aucahuincas, que así los nombraban, i especialmente todo lo que de los circunstantes habian visto contaban de plano, con todas las circunstancias, no obstante que les hacia alguna fuerza, que siendo tan enemigos capitales del español los pehuenches, revelasen el secreto, de que yo los satisfacia no habia en ello que admirar de un enemigo vil, sí de lo que no hacia; que eran unos traidores al rei, que tenian sitiados i ocultos hasta estos tiempos a aquellos españoles, privando al rei de aquel dominio.

"Este es el arte con que le he desentrañado i me he posesionado i asegurado de todas las noticias que podemos apetecer para confirmar la verdad de este grande hallazgo; pues, aunque probé para ello muchos caminos o modos, ayudado de gratificaciones, apoyando sus embriagueces, me salió frustrada, porque en todos los grados de embriaguez, encontré mas acérrimos en el sigilo, diciéndome era encargo de sus mayores, lo que apoyaba, yo i encargaba mucho como medio preciso para su libertad i nuestro bienestar; bien entendido que si a la sazón de estas conversaciones llegaba otro español, o lo llevaba conmigo, me retiraba a un rincón o a una distancia proporcionada, o les decia que callasen, que era lo mas comun, pues aquel hombre no estaba impuesto en los ritos de la tierra i saldria haciendo alborotos i hablando disparates; que a no ser ellos unos hombres de tanto sigilo i sagacidad, me guardaria mui bien de hablar asuntos de tanta importancia; insinuándoles siempre con fina cautela no queria saber, solo sí hacer conversación de los asuntos públicos, con cuya capa venia siempre a parar próximo al fin que yo tanto deseaba. La nación huilliche es propensa a saber novedades de nuestra monarquia en la Europa i América, i yo les contestaba con algunas verdaderas i otras fingidas, acompañadas siempre de modo que rodasen a mi asunto.

"Digo pues, en aquel general alzamiento, en que fueron perdidas i desoladas aquellas siete ciudades españolas avanzadas al sur de Valdivia, inclusa ésta i la de Osorno, una de ellas, i de las mas principales i famosas de aquellos tiempos, no fué jamas rendida por los indios, pues aunque es cierto que en la noche en que fueron atacadas segun la reseña que para ello estaba dispuesta, la acometieron innumerables indios, con ferocidad inopinada, i hallaron tanta resistencia en aquellos valerosos españoles, que llevaron el prémio de su atrevida osadia; pero poco enmendados del castigo en que murieron muchos en el ataque de aquella noche, con ninguna considerable pérdida de los nuestros, que estarian de antemano prevenidos, determinaron sitiar la ciudad robando cuanto ganado habia en los contornos de la ciudad, puestos siempre a la mira para frecuentar sus asaltos, en los que experimentaron la misma felicidad que en el primero. Pero llegando el sitio a término de seis meses i mas, consiguieron poner a aquellos miserables en el último extremo de necesidad, tanto, que por no rendirse, llegaron a comerse unos con otros, i considerándose los indios en tan deplorable estado, revestidos de mayor fiereza i viéndose con los que victoriosos de esta plaza habian llegado de auxilio para acabar con aquellos infelices, hicieron de dia el último esfuerzo; pero como el Dios de los ejércitos estaba en su defensa, les dió valor tan inimitable i pelearon con tanto empeño, que murieron a sus manos cuantos osaron saltar los muros en el avance, de los que escaparon mui pocos, porque con igual nobleza de ánimo pelearon las mujeres que los hombres. Viéndose los indios vencidos i tan castigados, se retiraron, poniéndose siempre a la vista, esperando que el hambre los acabase; pero los españoles, siempre llenos de valor, i mas a la vista de innumerables cadáveres de indios, se consideraron ya abastecidos de víveres, i reforzados con ellos. En efecto, sin otra esperanza de otro recurso, siempre valerosos, determinaron abandonar la ciudad i ganar una península fuerte por naturaleza, que dista algunas leguas al sur, en la que tenian varios sujetos de la ciudad muchos ganados de todas especies, granos i piñones en mucha abundancia. En efecto, salieron armados, con sus mujeres, hijos i caudal manejable, en cuyo viaje o transmigración, los malvados indios, en número considerable, fueron peleando con ellos con el mayor tesón, llenos de esperanza i deseos de consumirlos; pero los españoles, valerosos como siempre, los repelieron con igual braveza i sembraron de cadáveres i adiós todo el camino, de cuya carne se alimentaban, hasta que la divina mano los puso en su bien pensada península. Reforzáronse con sus nuevas viandas i granos, i al cabo de algunos dias, determinaron hacerlo conocer al bárbaro indio; pues disponiendo una salida para vengar sus agravios, i los bárbaros, fiados en su muchedumbre, que cubria la tierra, arrostraron con los pocos españoles, pero éstos los derrotaron de modo que despues de llenar el campo de cadáveres bárbaros, les quitaron toda su riqueza de ganados de los contornos i se metieron triunfantes en su isla, llenos de despojos i sin pérdidas, cuidando sólo, en adelante de fortalecerse en su terreno. Consta la magnitud de su isla, segun el informe de varios indios de diferentes naciones i lenguas, poco mas o ménos de 30 leguas de latitud i 6 u 8 de longitud. Su situación está a orillas de una hermosa i dilatada laguna que tiene su principio del volcan de Osorno, i a quien igualmente dá agua otro volcan que llaman de Huanchue, porque, aunque éste está distante del otro, por el pié de la cordillera se desata en un rio pequeño que camina hácia el sur i se incorpora en ella, con cuyas aguas se hace tan formidable, profunda i estensa. Ella está al pié de la cordillera i dista del volcan de Osorno de siete a ocho leguas. Es dicha laguna tambien madre de Rio Bueno. Es tan grande esta laguna, que no he hallado indio que haya visto sus limites o fin. Es mui poblada de pescado; en ella tienen los españoles innumerables canoas para su pesca i tráfico, con tres islas mas pequeñas que abrazan sus aguas en el comedio de ella. Llámanla mar los indios. Estas aguas no ciñen la isla de la gran ciudad, solo sí, la mayor parte de ella, por lo que es propiamente península, sirviéndole de inexpugnable muro una resigna dilatada de ciénaga, que la ciñe con la laguna, a excepción del extremo principal del norte, donde hai tierra firme para su comunicación i tráfico, veinte cuadras de ámbito poco mas o menos, segun informe de esta gran ciudad, i ésta es la parte por donde le han hecho un profundo foso de agua de un ante mural rebelan, i una muralla de piedra baja, el puente levadizo, el foso i uno i otro muro grandes, i fuertes puentes; aquí tienen un baluarte donde hacen sentinela los soldados, que tambien los hay, como lo diré. El puente se levanta precisamente todas las noches.

"Las armas de que usan, son lanzas, espadas i puñales, aunque no he podido averiguar si son de fierro, i para la defensa de la ciudad, tienen artilleria, lo que se sabe ciertamente, porque a tiempos del año la disparan. Tienen fusiles, i para su personal defensa, usan coletos, laques, que son dos piedras amarradas a un látigo. Para todo este género de armas son diestrísimos i mui temidos de los indios.

"La forma en que esta construida la ciudad la ignoro, aunque he puesto el mayor esmero en saberlo, porque me han dicho algunos indios que a ellos no les permiten entrar dentro desde su primitividad; mas las casas que por su magnitud i grandeza se permiten a la vista de los de afuera, son las mas de pared i teja.

"El comercio interior tambien ignoro, por el motivo dicho, i si usan o no de moneda, porque el que tienen con los indios es con plata labrada para, su servicio i decencia, i en abundancia. No tienen añil, abalorios ni fierro, por cuyo motivo dicen los indios son gente pobre. Usan tambien de comercio de ganados, de que abundan mucho fuera de la isla al cuidado de mayordomos de indios, ponderando éstos la grandeza de que usan por expresión de los mismos españoles que salen fuera; que dentro de sus casas sólo se sientan en asientos de oro i plata. Tambien han tenido comercio de sal, comprándola en tiempos pasados a los pehuenches, que pasan frecuentemente la cordillera por aquella parte i son sus amigos, i antiguamente lo tuvieron con nuestros indios huilliches; pero de poco tiempo a esta parte ha querido Dios darles en tanta abundancia, por haber encontrado un cerro de ella, que proveen a sus indios comarcanos.

"Su vestimenta es a la antigua, segun dicen los indios; usan de sombrero, chupa larga, camisa, calzos bombacho i zapatos grandes. Los que andan entre los indios a conchaba, regularmente están vestidos de coleto i siempre con sus armas, por lo que no saben los indios si usan capa. Siempre salen a caballo i usan varios colores. Son blancos, barba cerrada i de estatura mas que regular por lo común.

"En lo que respecta a su número, es asunto difícil saber aun habiendo estado dentro de la ciudad; pero como yo deseaba saber aun lo mas i recóndito, no lo omití a varios indios, a lo que me contestaban con una palabra siempre bien explicativa, de su mucho número, diciendo que considerase si serian muchos, pues eran inmortales i en aquella tierra era cierto no morian los españoles.

"Con este motivo, continuando siempre mi pesquisa en el particular, me informaron, que no cabiendo en la capital e isla el mucho gentio, se habian pasado muchas familias, de muchos arios a esta parte, al otro lado de la laguna, esto es, al este, donde han formado otra nueva ciudad bien dilatada, aunque mui inferior a la capital. Esta está a la orilla de la misma laguna, frente a la otra; sírvele de muro por un lado la laguna, i por el otro está solo hasta hoy circulada de un gran foso, el que ignoro si es de agua, con su rebellin, fuerte i puente levadizo, como la otra. La comunicación con la capital es por agua, para lo que tienen infinitas embarcaciones. Tambien tiene artilleria como la otra, i el que la manda es con subordinacion al rei de la capital."

No entintaré mucho papel en refutar patrañas groseramente inventadas. Creo que el padre Rosales nos refirió de buena fe la relación que nos

RETRATO DE INDÍGENA PATAGÓNICO. DIBUJO DE RUGENDAS.

dá i adoptó sin examen. Nos dice que dos colonos de la pretendida población, caminando las llanuras orientales de las faldas de los Andes, llegaron a la ciudad de Villarica i se trasladaron a la Concepción; pero ni dice el tiempo, ni sus nombres, ni el gobierno secular de la colonia, ni ninguna de otras muchas noticias esenciales que se debieran tomar de ellos, ni conste por documento alguno, como era regular. He registrado los archivos de aquel reino i nada hallé de este interesante negocio que debia constar, siendo así que en el de la capital i en Lima se documentó la salida de Tomás Fernández, uno de los pobladores del Estrecho de Magallanes, siendo poco o nada interesante. I aquí, lejos de hallar alguna noticia que diera probabilidad a la espesada i circunstanciada relación, la tenemos para convencerla de falsedad. La armadilla que equipó el obispo de Plasencia, se compuso de tres naves i salió de España a las órdenes de Alonso de Camargo. En 22 de octubre de 1539 se perdió la capitana en el Estrecho, pero salvó la gente, que tomada a su bordo por la tercera nave, salió al mar Pacífico i ancló en Arequipa con su jefe Camargo; i la segunda regresó a España; consta de una relación de este viaje, que se halla en el archivo general de Indias, i este es el orijen que se dá a la pretendida ciudad de los *Césares*.

De esta armada, que fué la quinta expedición del Estrecho, no quedó en él jente alguna. Tampoco quedó de la primera; cuyo jefe fué el incomparable Magallanes, que salió de Sevilla el 1.° de agosto de 1519; i la nave Victoria, una de las de su armada, entró en San Luca el 7 de setiembre de 1522. De la segunda, compuesta de siete buques a las órdenes de don Francisco Garcia Jofré de Loaiza, que salió de la Coruña el 24 de julio de 1525; ni una sola volvió a España, pero no quedó jente alguna en el Estrecho, sus inmediaciones ni en las costas de Chile, sin embargo de haber dado al través una de ellas en el Estrecho. La de Sebastián Caboto, que fué la tercera, solo llegó al Río de la Plata i de allí regresó a España en 1534, a cargo de Simón de Alcazaba. Estas fueron todas las expediciones dirijidas al reconocimiento del Estrecho, para hacerse paso al mar Pacífico, que se hicieron en tiempo del César, i ellas prueban contra la existencia de la pretendida ciudad de los *Césares*.

Desde 1557 hasta 1598, se hicieron por los españoles, una desde Chile, otra desde el Perú i la última desde España, que fué la de Pedro Sarmiento, de la que hablamos en la primera parte; i los catorce hombres i tres mujeres que quedaron, no pudo establecer colonia, chica ni grande en ménos de tres años, que corrieron desde el abandono de los diez i siete españoles hasta la desolación de la ciudad de Villarica, por donde pasaron para la de la Concepción los pretendidos colonos del P. Rosales.

Examinemos la relación de Pinuer. No nos embaracemos en hablar de lo ridículo del trato de aquellos naturales i de otros puntos insertos en su introducción: tratemos solo del asunto principal. Coloca Pinuer su pretendida colonia en la laguna denominada Rancolabahuen, es decir, Mar de Banco, de donde toma su orijen Rio Bueno a distancia de siete leguas al sur de los volcanes de Osorno, cerca de la cordillera. De esta ubicación debemos inferir (prescindiendo de las inconsecuencias de su historieta) no hallarse distante de la ciudad de Osorno. I no sé cómo nos hemos de persuadir, de que a tan corta distancia de las ciudades de, Valdivia i de Castro, en Chiloé, no se hubiera dejado de ver en alguna de ellas alguno de sus colonos, en cerca de 200 años; o al ménos alguna pieza de plata o alguna prenda o alhaja de las que salen a comerciar con los indios comarcanos, que siempre se trataron i tratan con los tuncos i curacahuines. Pero de una vez echemos a rodar esta patraña con que aquellos nacionales se burlaron de la buena fe de Pinuer. No se hubiera dejado seducir si hubiera consultado con el libro 53 del archivo de la capital de aquel reino, donde a f. 212 i siguientes, se hallan dos certificaciones originales de los jefes de la de Osorno, que puntualmente detallan las operaciones militares de los sitiados i sitiadores, su abandono i la población con que su vecindario se hizo en la isla de Calbuco i pueblo de Carelmapu. A presencia de tan autorizado documento, no es posible prestar asenso a la relación histórica de Pinuer, que sin duda fué engañado. I aunque quisiéramos decir que alguna parte de aquel vecindario tomó la resolución que Pinuer extiende a toda la población, no tendria verosimilitud, porque de un hecho de tanto porte era indispensable orientasen al gobierno los jefes de Osorno; hablarian de él en su relación, i los gobiernos de Chile hubieran pasado la noticia al virei de Lima, i de ningún modo hubieran omitido el descubrimiento de aquellos españoles, que debemos suponer salieron de la ciudad o paraje determinado i acordado por ellos, pues de otro modo les graduaríamos de imprudentísimos.

Pinuer, juramentada su relación, la dirigió a la corte por la via reservada, en 1772, i el ministerio al gobierno de Chile en el de 74, de donde pasó al gobernador de Valdivia para que informase con autos, que salieron abultados con mas de 500 fojas. Se recibieron declaraciones de muchos españoles, que, sin embargo del artificio con que las compusieron, todas vinieron a dar por último motivo de su credibilidad, haber oído a Pinuer. Pero no faltó quien se profiriese a conducir una carta al jefe de la pretendida colonia i volver con su contestación, i quedó confundido i ruborizado de su necia confianza, porque los indios, sus conductores, le hicieron caminar algunas leguas de ásperos caminos, i ni huellas de irracionales encontró.

Luego pasó el gobernador a recibir dichos de los indios que presentó Pinuer, i declararon la existencia de la ciudad imaginaria, no porque la hubiesen visto, sino porque la oyeron de sus predecesores. Pero ya salió un llamado Paquicú, diciendo que de niño estuvo sirviendo en ella i vió algunas procesiones en que aquellos españoles conducian imágenes de santos como las que nosotros veneramos.

En vista de esta circunstanciada relación, un religioso de propaganda se profirió al descubrimiento, conducido de aquel nacional, i se llevó el mismo chasco que el conductor de la carta. Los indios tambien aprovecharon la ocasión, i el cacique Paillallao, residente en el paraje denominado Coronel, sito en la parte meridional de Rio Bueno, a distancia de veinte millas de su embocadura en el mar, receloso de ser atacado de las parcialidades que tenia agraviadas con sus insultos, se propuso llevar españoles a su pais, i salió con ella. Procuró dar paso franco hácia la laguna de Puyehue, residencia del indio Curin, afirmando que éste se trataba con los pretendidos españoles; i sin mas examen, aquel gobernador, sin consulta de la capitania general, mandó una compañia de 80 hombres, i de jefe al caballero Pinuer, para evitar los funestos efectos de la emulación i remover todo impedimento que pudiese frustrar aquel servicio importante a la corona. Fortificada la tropa en Coronel, se hicieron tres reconocimientos, en Enero de 78, por un religioso de propaganda, un cadete i ocho soldados. Registró esta partida, guiada de indios de Paillallao i de Curin, los distritos de las lagunas Rana, Puyehue i Llanquihue, i no hallando ni españoles ni indios, ni aun huellas de gamos, subió a un elevado monte de los Andes i divisó algunos rios que regaban una llanura, donde residen los caciques Antu-Guala i Guengueñil, segun cómputo prudencial en la altura de 42° de latitud.

Estos reconocimientos igualmente falsifican la relación de Pinuer, que la declaración del prisionero de Garreton, porque en los distritos reconocidos se comprende la parcialidad de Concoleb. La incidencia que hace Silvestre Antonio Diaz de Rojas, en la descripción que dá en su citado memorial, de la parte oriental de los Andes, tiene algo de verosimilitud para persuadirnos de alguna población formal de oriundos de alguna nación europea; porque, aunque de las expediciones que sabemos hicieron al mar del sur, por el Estrecho de Magallanes, las de Inglaterra, Holanda i Francia, comenzando desde la de Frac., que salió en 1557, i haciendo memoria de las dos de Candisch i de las de Merik, Chidllei, Han-Kins, Mahu, Noort, Spilberg, Narvorough, Wood i Geunes, hasta la de Beauchesne, que regresó en 1701, no quedó gente alguna por naufragio, ni otro motivo en el Estrecho, ni en ménos altura, que pudiera haber levantado la ciudad que Diaz de Rojas llama de los *Césares*; pudiera ser mui bien que la compañia de filibusteros, mas propiamente de piratas, que desde 1685 hasta 87 piratea en el océano Pacífico, entrando por el Estrecho, donde naufragaron algunas de sus embarcaciones, u otra de las mismas naciones, que ignoramos hacian este hostil tráfico, dejasen algun número de jente; que imposibilitada de regresar a Europa, tratase de dejar la costa i buscar en lo mas interior del continente, territorio benigno donde establecerse. I supuesto este caso mui conveniente, haber hecho alianza con los indios, i tomando mujeres de ellos, haberse propagado i constituido una generación de jenízaros, que conservando el idioma i las costumbres de sus progenitores, se distinga de los indios i éstos los llamen españoles. Dá mérito a esta conjetura, haberse visto hácia Puerto Deseado, algunas partidas de indios mas blancos i con tres pelos de barba que los araucanos; pero en el caso de haber sido así, los contemplo indializados, del mismo modo que se han españolizado los indios que quedaron en pueblos en aquel reino, entre los rios Copiado i Biobio. I como es regular que tengan sus poblaciones a la parte oriental de los Andes, es fácil el descubrimiento de aquellas tierras i desengañarse sobre su negocio. La expedición puede hacerse sin gasto del real erario, i aun seria conveniente, porque de paso se describirían las minas que hicieron mui poblada i mui rica la cuidad de la Villarica, i se aseguraria también el camino de las pampas de Buenos Aires contra las piraterias de los pehuenches, lo que resultaria en favor del comercio de la de Buenos Aires con las de San Luis, San Juan, Mendoza i Chile.

PEDRO DE ANGELIS.

APÉNDICE

Pedro de Angelis, entre la polémica y la historiografía

Por NERIO TELLO

El italiano Pedro de Angelis, llegado a las costas del Plata hacia el año 1826 o 1827, por iniciativa de Rivadavia, asumiría prontamente, y en carne propia, el destino sudamericano, al que permanecería unido para gloria y desgracia de su alma. Al igual que otros criollos alternativamente celebrados y denostados, el escritor, editor e historiador napolitano viviría las vicisitudes de un país en traumática formación, del que emergería –en gran parte merced a su propia voluntad– como héroe o demonio. Su larga vinculación con el Supremo Juan Manuel de Rosas sellaría su suerte futura y empañaría su monumental legado como historiador y editor de la historia argentina anterior a la Revolución de Mayo.

Pedro de Angelis nació en Nápoles el 29 de junio de 1784. Como signado por la historia, vivió en su infancia y adolescencia acontecimientos político-militares que marcarían decididamente su vida. No sólo fue testigo de la precipitada salida de los borbones napolitanos, y la consiguiente desaparición del Reino de Nápoles, sino que también vio en su país, en 1806, la llegada y posterior coronación como rey de Nápoles de José Bonaparte, hermano mayor de Napoleón.

Enrolado en el ejército napoleónico de Nápoles, De Angelis comprendió rápidamente que, a pesar de ser la militar una carrera apetecible, él no era un hombre de armas. Su sólido conocimiento de la historia y la filosofía, sumado a su diestro manejo de varios idiomas, lo colocó frente a otro destino. Como profesor en la Academia Militar, De Angelis pudo acceder rápidamente a las cercanías del poder. Fue docente de dos de los hijos del rey y luego se integró como miembro de la Academia de Nápoles, hasta que, unos años más tarde, fue comisionado como secretario de la legación de San Petersburgo (rebautizada durante gran parte del siglo XX como Leningrado), en la Rusia zarista.

La gran ciudad rusa le granjeó una esposa suiza, Melanie Dayet, y en poco tiempo, tras la estrepitosa caída de la gesta napoleónica, una rápida salida de la misión diplomática.

Su peregrinar en busca del sustento lo perdió por oscuras ciudades europeas hasta que, en 1825, el brillante italiano, con vigorosos 40 años, conoció a un americano moreno y pequeño que decía tener influencias en el Río de la Plata: Bernardino Rivadavia.

El estadista criollo, que soñaba con hacer de las Provincias Unidas del Río de la Plata un foco de cultura y progreso, entusiasmó rápidamente al inquieto italiano, ofreciéndole un trabajo en las míticas tierras del Plata.

En 1826 De Angelis fue puesto al frente de la Imprenta del Estado, asociado con el español Don José Joaquín Mora. Fue entonces cuando el italiano decidió radicarse en la Argentina, para lo que solicitó la ciudadanía, que le fue concedida rápidamente. A comienzos de 1827 lanzó su primer proyecto editorial: el periódico *Crónica política y literaria de Buenos Aires*, de postura decididamente oficialista y de respetable calidad editorial. Más tarde se sumó otra publicación, *El Conciliador*, del que sólo apareció un número. Cuando, en julio de 1827, su protector, Rivadavia, dejó el gobierno para emprender un largo y virtualmente definitivo exilio, De Angelis comenzó a vislumbrar cuál era la impronta de este nuevo país que empezaba a decepcionarlo y subyugarlo con la misma intensidad.

La caída de Rivadavia implicó la casi instantánea defunción de las dos publicaciones. Carente de protector, De Angelis quedó a expensas del flamante gobierno del coronel Manuel Dorrego, a quien el atribulado había criticado duramente desde las páginas de sus publicaciones. Cerrados los caminos oficiales, el ilustre europeo se dedicó a dictar clases, actividad para la cual fundó un ateneo, que convocó a una nutrida población joven.

El desplazamiento de Dorrego y su posterior fusilamiento a cargo del general Juan Lavalle provocaron una nueva conmoción en los ojos aún azorados del europeo, que creía haber dejado atrás los recuerdos de la guerra.

A partir de setiembre de 1829, De Angelis publicó *El Lucero*, el primer diario porteño que incluía algunas curiosas novedades: partes meteorológicos, registro de los movimientos de barcos, cambios de moneda y entradas diarias de hacienda en la ciudad. También había críticas literarias y algunas crónicas de la campaña que estaba realizando Rosas en el desierto. A pesar de que De Angelis no gozaba de la simpatía del futuro Supremo, su instinto de conservación le señalaba que se estaba jugando su futuro.

Más allá de estas contingencias, el italiano siguió adelante, en forma privada, con su propósito de reunir cuanto documento encontrara relati-

Francis Drake en Puerto Deseado, ILUSTRADO POR TEODORO DE BRY,
QUIEN PUBLICÓ LUEGO UN TRABAJO SOBRE LOS VIAJES DEL NAVEGANTE Y
EXPLORADOR INGLÉS FRANCIS DRAKE (C.1540-1596). EL VIAJE MÁS IMPORTANTE
EN CUANTO AL APORTE DE ICONOGRAFÍA DE NUESTRO PAÍS COMENZÓ EL 3 DE
NOVIEMBRE DE 1577 EN PLYMOUTH Y CONCLUYÓ EN 1580 EN EL MISMO PUERTO.

vo a los primeros años de la nación. Su curiosidad histórica se extendía sin embargo a otros temas, y recopiló materiales etnográficos y geográficos, así como de lenguas indígenas. A esa altura, su conocimiento del pasado rioplatense y su archivo personal eran de un valor incalculable, tanto que casi podrían haber competido con el entonces flamante Archivo General de la Nación, nacido como Archivo General de la Provincia de Buenos Aires, en agosto de 1821, durante el gobierno de Martín Rodríguez, por iniciativa de su ministro Bernardino Rivadavia, quien luego lo centralizó durante su mandato.

En 1830 De Angelis comenzó a pensar en volver a Europa. Los densos aires del Río de la Plata empezaban a fatigarlo. Fue entonces cuando le escribió a un amigo parisino: "Mis actividades han sufrido considerablemente en medio de la anarquía sin fin de este desgraciado país. Tengo pensado salir de aquí dentro de un año y medio. Lo que me obliga a quedarme es el deseo de terminar una gran obra que he comenzado a publicar sobre la historia de este país. Se trata de una empresa considerable, porque es la colección de todos los escritos inéditos (porque todo es inédito) sobre esta parte del nuevo mundo, acompañada de notas y disertaciones".

Así comenzó a pergeñar el gran proyecto de su vida, que tendría trascendental importancia para la historiografía argentina. Pero el nombre de Juan Manuel de Rosas apareció en el horizonte y nuevamente la rueda de la fortuna colocó al ilustre italiano en una encrucijada.

La tarea periodística de Pedro de Angelis, si bien intermitente, ha tenido un gran despliegue: fundó, dirigió y redactó personalmente varias publicaciones. Abocado a su proyecto más personal, en 1930 publicó varias biografías: *Ensayo histórico sobre la vida del Excmo. Sr. D. Juan Manuel de Rosas*; *Noticias biográficas del Excmo. Sr. Gobernador y Capitán General de la Provincia de Santa Fe, Brigadier D. Estanislao López*; *Biografía del Señor General Arenales*; y *Biografía del célebre naturalista Amado Bonpland*. A pesar de la polémica que generaban los personajes elegidos, De Angelis se trasformó en el iniciador del género biográfico en la Argentina.

Los esbozos biográficos de Rosas y López le granjearían *a posteriori* el desprecio de los unitarios, que ya por entonces comenzaban a resistir, en especial, la figura del caudillo bonaerense. Descalificación que se extendería a casi toda su obra y de la que no le sería sencillo desprenderse el resto de su vida, y por cierto, de su muerte.

Apoyado en el criterio tan sudamericano de que "los enemigos de mis amigos son mis enemigos", De Angelis no tardó en enemistarse con casi todos los enemigos de Rosas, que no eran sino lo más granado de la intelectualidad nativa. Entre otros, dirigió su diatriba contra Sarmiento, "personaje singular que debe a la persecución de Rosas la importancia de la que se jacta y que le ha valido ocupar un lugar eminente en la administración. Lo han hecho director de instrucción pública, y ni sabe lo que no debe ignorar un maestro de primeras letras".

Ya decididamente enrolado en el rosismo, el propio Restaurador, superada la desconfianza inicial que le generaba el italiano, le encomendó la tarea de difundir los proyectos intelectuales de la Restauración. Así, tradujo y editó el *Archivo Americano* y *Espíritu de la Prensa del Mundo*, que se distribuyeron con generosidad por casi toda Europa y los países americanos. La intención era difundir la política del gobernador, en momentos en que la Confederación sufría la agresión extranjera. Era un intento de comprender el rosismo, presentando su causa como fundada en la experiencia del hombre –y sobre todo, del hombre de las pampas–, de su ingobernabilidad, a partir del dualismo "Rosas o el caos", justificado el régimen como garantía del orden social frente al utopismo disgregador de sus adversarios.

Con el apoyo incondicional de Rosas, a partir de 1836, De Angelis se abocó a la edición de la que sería su obra cumbre. Distribuida por suscripción y en fascículos coleccionables, la *Colección de obras y documentos relativos a la Historia Antigua y Moderna de las Provincias del Río de la Plata*, ilustrada con notas y disertaciones por Pedro de Angelis, editada cuidadosa y artesanalmente en seis tomos, configura el primer –y quizá el más ambicioso– plan de registrar la cultura desde los tiempos fundacionales. Esta colección reúne documentos de primera mano y de óptima calidad, que testimonian la epopeya civilizadora española y los primeros tiempos de la nación argentina.

El ambicioso proyecto debió ser primero postergado, y finalmente suspendido, por la carencia de materiales para la edición, sobre todo papel, debida al bloqueo inglés al Río de la Plata. Cuando, el 3 de febrero de 1852, el general Justo José de Urquiza venció a Rosas en la batalla de Caseros, el ex Supremo emprendió su largo y definitivo exilio. De Angelis, trasformado en monje negro del régimen, también consideró oportuno partir.

Sin embargo, ese nuevo trasplante lo encontró mucho mejor posicionado. Al llegar al Brasil comprendió fielmente el tamaño de su obra y la proyección que ésta tenía. En Río de Janeiro fue recibido con los honores de un diplomático. El Instituto Histórico y Geográfico de esa ciudad lo incorporó como miembro. Otro tanto le ofrecieron prestigiosas instituciones europeas y norteamericanas como la Royal Geographic Society, de Londres; la Société Geographique, de París; el Reale Instituto d'Incoraggimiento delle Scienze Naturali, de Nápoles; la Massachusetts Historical Society; la Société Royale des Antiquaires du Nord, de Copenhague; y la American Philosophical Society, de Filadelfia.

A pesar de tanto halago, De Angelis –atrapado ya por el sortilegio argentino– decidió regresar a su país de adopción. Tras un breve paso por Montevideo, en 1855 volvió a la Argentina, esta vez para quedarse.

Si bien nada había cambiado para él en la metrópoli, ya con 71 años, retomó su trabajo paciente en los archivos acumulados durante décadas. La vida le dio aún otra oportunidad de seguir publicando, aunque claro está, nunca le llegó el reconocimiento por su nueva tarea. En esos últimos años, sumergido en el ostracismo, publicó *Memoria sobre el estado de la Hacienda Pública*, de carácter económico; el *Proyecto de organización para la instrucción pública de la Provincia de Buenos Aires*; el *Reglamento para el ejercicio y maniobras de los regimientos de infantería*; un curioso *Libro de lectura elemental e instructiva para los jóvenes estudiantes*; la monumental obra *Recopilación de Leyes y Decretos promulgados en Buenos Aires desde el 25 de mayo de 1810 hasta el fin de diciembre de 1835*; y la *Bibliografía General del Río de la Plata*, obra manuscrita que se todavía se conserva en el Archivo General de la Nación. Por encargo de

Rosas, también había publicado la *Memoria histórica sobre los derechos de soberanía de la Confederación Argentina a la parte austral del continente americano*, que constituyó uno de los primeros estudios geográficos del país.

Gracias al peso de prestigio internacional y la solidez de su formación, ya anciano, ocupó un cargo en el Instituto Histórico y Geográfico del Río de la Plata, a pedido de su creador, Bartolomé Mitre. Ésa fue la última aparición pública de Pedro de Angelis. El patriarca de los historiadores argentinos murió el 10 de febrero de 1859.

Sus controvertidas posiciones políticas, que lo vincularon sucesivamente a Rivadavia, a Rosas y, finalmente, próximo a los constitucionalistas del '53, no deberían opacar su denodado trabajo historiográfico y el enorme valor de una obra de consulta insoslayable para los investigadores. De Angelis intuyó algo que una nación aún en su etapa adolescente no había tenido tiempo de considerar: el enorme valor de la documentación de archivo como fuente privilegiada para la comprensión del pasado.

Obras de Pedro de Angelis

- *Ensayo histórico sobre la vida del Excmo. Sr. D. Juan Manuel de Rosas*. Sin datos editoriales, Buenos Aires, 1830.
- *Noticias biográficas del Excmo. Sr. Gobernador y Capitán General de la Provincia de Santa Fe, Brigadier D. Estanislao López*. Sin datos editoriales, Buenos Aires, 1830.
- *Biografía del Señor General Arenales*. Sin datos editoriales, Buenos Aires, 1832.
- *Colección de obras y documentos relativos a la Historia Antigua y Moderna de las Provincias del Río de la Plata* (Comp.). Imprenta del Estado, Buenos Aires, 1836-1837.
- *Biografía del célebre naturalista Amado Bonpland*. Sin datos editoriales, Buenos Aires, 1839.
- *Recopilación de Leyes y Decretos promulgados en Buenos Aires desde el 25 de mayo de 1810 hasta el fin de diciembre de 1835*, con un índice general de materias. Sin datos editoriales, 4 tomos, Buenos Aires, 1938-1841.
- *Ensayos literarios y políticos*. Sin datos editoriales, Buenos Aires, 1839.
- *Prospecto de una segunda serie de documentos inéditos, relativos a la Historia y Geografía de las Provincias del Río de la Plata*. Sin datos editoriales, Buenos Aires, 1841.
- *Libro de lectura elemental e instructiva para los jóvenes estudiantes (o Colección de trozos escogidos de los mejores autores)*. Imprenta del Estado, Buenos Aires, 1848.

- *Memoria histórica sobre los derechos de soberanía y dominio de la Confederación Argentina a la parte austral del continente americano, comprendido entre las Costas del Océano Atlántico y la Gran Cordillera de los Andes, desde la Boca del Río de la Plata hasta el Cabo de Hornos, incluso la Isla de los Estados, la Tierra del Fuego y el Estrecho de Magallanes en toda su extensión.* Sin datos editoriales, Buenos Aires, 1852.
- *Memoria sobre el estado de la Hacienda Pública.*
- *Proyecto de organización para la instrucción pública de la Provincia de Buenos Aires.*
- *Reglamento para el ejercicio y maniobras de los regimientos de infantería,* Sin datos editoriales, Buenos Aires, 1852.
- *Colección de obras impresas y manuscritos que tratan principalmente del Río de la Plata.* Sin datos editoriales, Buenos Aires, 1853.
- *Bibliografía general del Río de la Plata.* Sin datos editoriales, Buenos Aires, 1858.
- *Acusación y defensa de Rosas.* Ediciones La Facultad, Buenos Aires, 1945.

FUNDACIÓN
DE HISTORIA NATURAL
FÉLIX DE AZARA

Fundación de Historia Natural Félix de Azara

La publicación de esta obra contó con el apoyo y asesoramiento técnico-científico de la Fundación de Historia Natural Félix de Azara, organización no gubernamental y sin fines de lucro creada el 13 de noviembre del año 2000, con el objetivo de contribuir a la conservación de la naturaleza y de los bienes culturales; al desarrollo de la ciencia; y al adecuado uso sustentable de los recursos naturales.

Desde sus inicios apoya proyectos de investigación y conservación; promueve la edición de libros, monografías, guías de campo y publicaciones periódicas; fomenta la gestión y la educación ambiental, la divulgación científica y los trabajos vinculados a la historia y la filosofía de la ciencia; contribuye a la formación y conservación de colecciones; posee una biblioteca especializada; proyecta un moderno museo de historia natural; efectúa exposiciones; realiza trabajos de campo; organiza y auspicia congresos y jornadas; da cursos y conferencias; y desarrolla todo tipo de emprendimientos que contribuyan al estudio y la conservación del patrimonio natural y cultural. Interactúa con más de 800 instituciones en todo el mundo y ha establecido más de una decena de convenios de cooperación con organizaciones nacionales e internacionales.

La Fundación de Historia Natural Félix de Azara tiene un consejo asesor compuesto por profesionales de reconocida trayectoria. Para alcanzar sus fines busca el consenso entre los distintos sectores de la sociedad —organismos gubernamentales y privados, instituciones académicas y sociales, etc.—, y cuenta con el apoyo de organismos internacionales, empresas, fundaciones y donantes particulares.

La Fundación rinde homenaje en su denominación a Félix de Azara (1742-1821), un verdadero ilustrado del siglo XVIII, que se mostró deseoso de adquirir conocimientos y mejorar el mundo que lo rodeaba. Así lo manifestó claramente durante su actuación en la región rioplatense entre 1782 y 1801. En esos años se dedicó a los estudios zoológicos (particularmente de aves y mamíferos), geográficos, cartográficos, etnográficos e históricos. El nombre Félix de Azara es además común al área de principal desenvolvimiento de la Fundación, que es la región rioplatense: Argentina, Paraguay y Uruguay.

Departamento de Ciencias Naturales y Antropología
Fundación de Historia Natural Félix de Azara - Universidad Maimónides

Valentín Virasoro 732 - Teléfono/fax: 4905-1100 (interno 1228)
(C1405BDB) Ciudad Autónoma de Buenos Aires- República Argentina.
www.fundacionazara.org.ar
secretaria@fundacionazara.org.ar

LOS JESUITAS EN LA PATAGONIA

Las Misiones en la Araucanía y el Nahuelhuapi (1593-1736)

JESUITA MIGUEL DE OLIVARES

224 páginas
15,5 x 23 cm
ISBN: 950-754-156-X

La ocupación española de las tierras australes de Chile y la región del Nahuel Huapi estuvo marcada por la violencia. En menos de 50 años, se sucedieron dos grandes sublevaciones de los araucanos: la primera, alrededor de 1550, terminó con el asesinato de la máxima autoridad colonial local, Don Pedro de Valdivia. La segunda, en 1598, destruyó los asentamientos españoles emplazados al sur del río Bío-Bío y se cobró la vida de su gobernador, Martín García de Loyola.

Como la estrategia de confrontación se mostraba inviable, la Compañía de Jesús asumió el compromiso de establecer misiones dentro del territorio controlado por indígenas "hostiles". Durante casi 140 años, los misioneros jesuitas cumplieron con abnegación y no poco espíritu de sacrificio la tarea en la que, por medio de las armas, habían fracasado los conquistadores.

En 1874, un siglo y medio después de la tumultuosa expulsión de los jesuitas, el padre Miguel de Olivares recopiló informes y relaciones de sus camaradas embarcados en la conquista de las almas de los habitantes de la Araucanía y el Nahuel Huapi. Historias mínimas unas, grandiosas otras –donde arbitrariedad y racismo se opacan ante una entrega mística conmovedora– dan cuenta de una epopeya de inconmensurables sacrificios, de profundos desencuentros y de una inmolación anunciada.

LOS CUARENTA BRAMADORES

La vuelta al mundo por la "ruta imposible"

Vito Dumas

192 páginas
15,5 x 23 cm
ISBN: 950-754-095-4

El relato de Vito Dumas sobre su vuelta al mundo en cuatro etapas, en plena Guerra Mundial, y en solitario, por la "ruta imposible", es la apasionante historia de una de las más audaces aventuras de la navegación a vela, en la que el autor tuvo que experimentar indecibles sufrimientos y salvar enormes peligros y dificultades, doblando tres temibles cabos (Buena Esperanza, Tasmania y Hornos), con sus continuas y furiosas tempestades.

La primera edición de este libro fue publicada en la Argentina poco después de que su autor culminara la gran hazaña, y hace ya años que resulta muy difícil encontrar un ejemplar. Muchos aficionados vieron truncada, pues, su ilusión de disfrutar de las vivencias de Vito Dumas a través de sus páginas. Esta nueva edición, completada con ilustraciones inéditas facilitadas por el propio hijo de Dumas, sin duda hará las delicias de los aficionados.

EXPEDICIÓN A LA PATAGONIA

Un viaje a las tierras y mares australes (1881-1882)

GIACOMO BOVE

192 páginas
15,5 x 23 cm
ISBN: 950-754-152-7

Esta *Expedición a la Patagonia*, publicado originalmente como *Expedición Austral Argentina*, es un hito fundacional para la ciencia y la geopolítica argentinas, cuya transcendencia ha quedado opacada por vaya a saber qué intereses o indiferencias. Entre diciembre de 1881 y mayo de 1882, esta expedición financiada por el gobierno argentino, y al mando del aventurero y científico italiano Giacomo Bove, navegó por los mares del sur con destino a la Isla de los Estados. A bordo del "Cabo de Hornos" iban además prestigiosas figuras de la ciencia argentina, como el geólogo Doménico Lovisato, el zoólogo y botánico Decio Vicinguerra, y el naturalista del Museo de La Plata, Carlos Spegazzini. Completaba el equipo científico el teniente italiano Giovanni Roncagli, délineador, pintor, fotógrafo, y autor de las ilustraciones que luego acompañarían la edición de la obra original (algunas de las cuales se incluyen en esta edición).

Este trabajo, que registra la primera incursión científica argentina a Tierra del Fuego, no sólo tiene un alto valor académico, sino que su lectura, amena y por momentos apasionante, deparará sorpresas a cualquier curioso de la historia argentina y particularmente del derrotero patagónico. La misión Bove puede considerarse, además, como un gesto geopolítico del gobierno de Julio Roca para consolidar la presencia del país en el confín austral. La única edición de este libro, de circulación restringida, fue publicada por el Instituto Geográfico Argentino en 1883.

SOLO, RUMBO A LA CRUZ DEL SUR

El crucero del "Lehg" a través del Atlántico

VITO DUMAS

128 páginas
15,5 x 23 cm
ISBN: 950-754-121-7

Corría el año 1931 cuando Vito Dumas partió de Francia en solitario, a bordo del "Lehg", con destino a Buenos Aires.

La travesía en sí era un desafío importante, y más teniendo en cuenta que iba a navegar en un 8 metros de la fórmula internacional antigua, es decir, un barco de regata precariamente adaptado para la ocasión.

Para Vito Dumas, el mar ocupa un lugar preferencial, con sus luchas, sus tempestades y su grandiosidad al transformarse en océano. Y allí, sola ante el infinito, nuestra humana pequeñez.

Todo ello se percibe en este libro donde se reflejan las sucesivas sensaciones vividas, desde los preparativos del viaje hasta los días y meses de lucha en el largo peregrinar del mar. Es éste un magnífico libro que apasionará al lector, pues como dice el autor, "lo he escrito como lo he sentido, sin agregarle nada. Al contrario, lo he despojado en parte de aquellas expresiones en que pudiera pecar de exagerado".

VIAJE ALREDEDOR DEL MUNDO

En la Fragata Real Boudeuse *y el* Étoile

L. A. DE BOUGAINVILLE

160 páginas
15,5 x 23 cm
ISBN: 950-754-153-5

El marino y explorador francés Louis-Antoine de Bougainville nació en París, en 1729. Empezó su carrera militar en el ejército francés durante la Guerra de los Siete Años. Alistado en la Marina francesa, inició en 1763 una expedición que lo llevó al Atlántico Sur, durante la cual fundó una colonia en las Islas Malvinas, a las cuales les dio el nombre.

Obligado por el gobierno francés a devolver el archipiélago a la Corona española en 1766, emprendió una expedición científica con el objetivo de dar la vuelta al mundo, acompañado por naturalistas, dibujantes y astrónomos. Así, en 1766, comenzó su periplo a bordo de las fragatas *Boudeuse* y *Étoile*, durante el cual descubrió diversos archipiélagos de la Polinesia, y recorrió Tahití, Samoa, las islas Salomón, las islas Pomotú, las Nuevas Hébridas, Nueva Guinea, las Molucas y Java. En 1769 regresó a Francia, y diez años más tarde publicó las vicisitudes de su extenso itinerario en la obra que aquí presentamos.

Otros libros de

**Peña Lillo
Ediciones Continente**